AMOR LÍQUIDO

Obras de Zygmunt Bauman:

- 44 cartas do mundo líquido moderno
- Amor líquido
- Aprendendo a pensar com a sociologia
- A arte da vida
- Babel
- Bauman sobre Bauman
- Capitalismo parasitário
- Cegueira moral
- Comunidade
- Confiança e medo na cidade
- A cultura no mundo líquido moderno
- Danos colaterais
- O elogio da literatura
- Em busca da política
- Ensaios sobre o conceito de cultura
- Esboços de uma teoria da cultura
- Estado de crise
- Estranho familiar
- Estranhos à nossa porta
- A ética é possível num mundo de consumidores?
- Europa
- Globalização: as consequências humanas
- Identidade
- A individualidade numa época de incertezas
- Isto não é um diário
- Legisladores e intérpretes
- Mal líquido
- O mal-estar da pós-modernidade
- Medo líquido
- Modernidade e ambivalência
- Modernidade e Holocausto
- Modernidade líquida
- Nascidos em tempos líquidos
- Para que serve a sociologia?
- O retorno do pêndulo
- Retrotopia
- A riqueza de poucos beneficia todos nós?
- Sobre educação e juventude
- A sociedade individualizada
- Tempos líquidos
- Vida a crédito
- Vida em fragmentos
- Vida líquida
- Vida para consumo
- Vidas desperdiçadas
- Vigilância líquida

Zygmunt Bauman

AMOR LÍQUIDO

Sobre a fragilidade dos laços humanos

Tradução:
Carlos Alberto Medeiros

5ª *reimpressão*

Copyright © 2003 by Zygmunt Bauman

Tradução autorizada da primeira edição inglesa publicada em 2003 por Polity Press em associação com Blackwell Publishers Ltd., de Oxford, Inglaterra

Grafia atualizada segundo o Acordo Ortográfico da Língua Portuguesa de 1990, que entrou em vigor no Brasil em 2009.

Título original
Liquid Love: On the Frailty of Human Bonds

Capa e imagem
Bruno Oliveira

Dados Internacionais de Catalogação na Publicação (CIP)
(Câmara Brasileira do Livro, SP, Brasil)

Bauman, Zygmunt, 1925-2017
    Amor líquido : sobre a fragilidade dos laços humanos / Zygmunt Bauman ; tradução Carlos Alberto Medeiros. – 1ª ed. – Rio de Janeiro: Zahar, 2021.

    Título original: Liquid Love : On the Frailty of Human Bonds.
    ISBN 978-65-5979-013-5

    1. Distanciamento social 2. Isolamento social 3. Relações intergrupais 4. Relações interpessoais I. Título.

21-63347   CDD: 302.5

Índice para catálogo sistemático:
1. Relações do indivíduo na sociedade : Sociologia 302.5

Cibele Maria Dias – Bibliotecária – CRB-8/9427

Todos os direitos desta edição reservados à
EDITORA SCHWARCZ S.A.
Praça Floriano, 19, sala 3001 – Cinelândia
20031-050 – Rio de Janeiro – RJ
Telefone: (21) 3993-7510
www.companhiadasletras.com.br
www.blogdacompanhia.com.br
facebook.com/editorazahar
instagram.com/editorazahar
twitter.com/editorazahar

· Sumário ·

Prefácio   7

1. Apaixonar-se e desapaixonar-se   15

2. Dentro e fora da caixa de ferramentas da sociabilidade   56

3. Sobre a dificuldade de amar o próximo   99

4. Convívio destruído   145

Notas   187

· Prefácio ·

Ulrich, o herói do grande romance de Robert Musil, era – como anunciava o título da obra – *Der Mann ohne Eigenschaften*: o homem sem qualidades. Não tendo qualidades próprias, herdadas ou adquiridas e incorporadas, Ulrich teve de produzir por conta própria quaisquer qualidades que desejasse possuir, usando a perspicácia e a sagacidade de que era dotado; mas nenhuma delas tinha a garantia de perdurar indefinidamente num mundo repleto de sinais confusos, propenso a mudar com rapidez e de forma imprevisível.

O herói de seu livro é *der Mann ohne Verwandtschaften* – o homem sem vínculos, e particularmente vínculos imutáveis como os de parentesco no tempo de Ulrich. Não tendo ligações indissolúveis e definitivas, o herói de seu livro – o cidadão de nossa líquida sociedade moderna – e seus atuais sucessores são obrigados a amarrar um ao outro, por iniciativa, habilidades e dedicação próprias, os laços que porventura pretendam usar com o restante da humanidade. Desligados, precisam conectar-se... Nenhuma das conexões que venham a preencher a lacuna deixada pelos vínculos ausentes ou obsoletos tem, contudo, a garantia da permanência. De qualquer modo, eles só precisam ser frouxamente atados, para que possam ser outra vez desfeitos, sem grandes delongas, quando os cenários mudarem – o que, na modernidade líquida, decerto ocorrerá repetidas vezes.

A misteriosa fragilidade dos vínculos humanos, o sentimento de insegurança que ela inspira e os desejos conflitantes (estimulados por tal sentimento) de apertar os laços e ao mesmo tempo mantê-los frouxos, é o que este livro busca esclarecer, registrar e apreender.

Carecendo da visão aguda de Musil, tanto quanto da riqueza de sua palheta e da sutileza de suas pinceladas – de fato, de quaisquer dos requintados talentos que fizeram de *Der Mann ohne Eigenschaften* um retrato definitivo do homem moderno –, devo restringir-me a traçar um painel de esboços imperfeitos e fragmentários, em lugar de tentar produzir uma imagem completa. O máximo que posso esperar obter é um kit identitário, um retrato compósito capaz de conter tanto lacunas e espaços em branco quanto seções completas. Mesmo essa composição final, contudo, será um trabalho inacabado, a ser concluído pelos leitores.

O principal herói deste livro é o relacionamento humano. Seus personagens centrais são homens e mulheres, nossos contemporâneos, desesperados por terem sido abandonados aos seus próprios sentidos e sentimentos facilmente descartáveis, ansiando pela segurança do convívio e pela mão amiga com que possam contar num momento de aflição, desesperados por "relacionar-se". E no entanto desconfiados da condição de "estar ligado", em particular de estar ligado "permanentemente", para não dizer eternamente, pois temem que tal condição possa trazer encargos e tensões que eles não se consideram aptos nem dispostos a suportar, e que podem limitar severamente a liberdade de que necessitam para – sim, seu palpite está certo – relacionar-se...

Em nosso mundo de furiosa "individualização", os relacionamentos são bênçãos ambíguas. Oscilam entre o sonho e o pesadelo, e não há como determinar quando um se transforma no outro. Na maior parte do tempo, esses dois avatares coabitam – embora em diferentes níveis de consciência. No líquido cenário da vida moderna, os relacionamentos talvez sejam os representantes mais comuns, agudos, perturbadores e profundamente sentidos da ambivalência. É por isso, podemos garantir, que se encontram tão firmemente no cerne das atenções dos modernos e líquidos indivíduos-por-decreto, e no topo de sua agenda existencial.

"Relacionamento" é o assunto mais quente do momento, e aparentemente o único jogo que vale a pena, apesar de seus óbvios riscos. Alguns sociólogos, acostumados a compor teorias a partir de questionários, estatísticas e crenças baseadas no senso comum, apressam-se em concluir que seus contemporâneos estão totalmente abertos a amizades, laços, convívio, comunidade. De fato, contudo (como se seguíssemos a regra de Martin Heidegger de que as coisas só se revelam à consciência por meio da frustração que provocam – fracassando, desaparecendo, comportando-se de forma inadequada ou negando sua natureza de alguma outra forma), hoje em dia as atenções humanas tendem a se concentrar nas satisfações que esperamos obter das relações precisamente porque, de alguma forma, estas não têm sido consideradas plena e verdadeiramente satisfatórias. E, se satisfazem, o preço disso tem sido com frequência considerado excessivo e inaceitável. Em seu famoso experimento, Miller e Dollard viram seus ratos de laboratório atingirem o auge da excitação e da agitação quando "a atração se igualou à repulsão" – ou seja, quando a ameaça do choque elétrico e a promessa de comida saborosa finalmente atingiram o equilíbrio...

Não admira que os "relacionamentos" estejam entre os principais motores do atual "*boom* do aconselhamento". A complexidade é densa, persistente e difícil demais para ser desfeita ou destrinchada sem auxílio. A agitação dos ratos de Miller e Dollard resultava frequentemente na paralisia da ação. A incapacidade de escolher entre atração e repulsão, entre esperanças e temores, redundava na incapacidade de agir. De modo diferente dos ratos, os seres humanos que se veem em tais circunstâncias podem pedir ajuda a especialistas que oferecem seus préstimos em troca de honorários. O que esperam ouvir deles é algo como a solução do problema da quadratura do círculo: comer o bolo e ao mesmo tempo conservá-lo; desfrutar das doces delícias de um relacionamento evitando, simultaneamente, seus momentos mais amargos e penosos; forçar uma relação a permitir sem desautorizar, possibilitar sem invalidar, satisfazer sem oprimir...

Os especialistas estão prontos a condescender, confiantes em que a procura por suas recomendações será infinita, uma vez que nada que digam poderá tornar um círculo não circular, e portanto passível de ser transformado num quadrado... Suas recomendações são copiosas, embora geralmente se resumam a pouco mais do que elevar a prática comum ao nível do conhecimento comum, e daí ao status de teoria autorizada e erudita. Gratos beneficiários dessas recomendações percorrem as colunas de "relacionamento" em publicações sofisticadas e nos suplementos semanais de jornais sérios ou nem tanto, para ouvir o que queriam de pessoas que "estão por dentro" (uma vez que são tímidos ou envergonhados demais para falarem por si mesmos), para espreitar os feitos e procedimentos de "outros como eles" e conseguir o máximo conforto possível por saberem que não estão sozinhos em seus solitários esforços para enfrentar a incerteza.

E assim os leitores aprendem com a experiência de outros leitores, reciclada pelos especialistas, que é possível buscar "relacionamentos de bolso", do tipo de que se "pode dispor quando necessário" e depois tornar a guardar. Ou que os relacionamentos são como a vitamina C: em altas doses, provocam náuseas e podem prejudicar a saúde. Tal como no caso desse remédio, é preciso diluir as relações para que se possa consumi-las. Ou que os CSSs – casais semisseparados – merecem louvor como "revolucionários do relacionamento que romperam a bolha sufocante dos casais". Ou ainda que as relações, da mesma forma que os automóveis, devem passar por revisões regulares para termos certeza de que continuarão funcionando bem. No todo, o que aprendem é que o compromisso, e em particular o compromisso a longo prazo, é a maior armadilha a ser evitada no esforço por "relacionar-se". Um especialista informa aos leitores: "Ao se comprometerem, ainda que sem entusiasmo, lembrem-se de que possivelmente estarão fechando a porta a outras possibilidades românticas talvez mais satisfatórias e completas." Outro mostra-se ainda mais insensível: "A longo prazo, as promessas de compromisso são irrelevantes ... Como outros investimentos, elas alternam períodos de alta e baixa." E assim, se você deseja "relacionar-se", mantenha distância; se quer usufruir do convívio, não assuma nem exija compromissos. Deixe todas as portas sempre abertas.

Se lhes perguntassem, os habitantes de Leônia, uma das cidades invisíveis de Ítalo Calvino, diriam que sua paixão é "desfrutar coisas novas e diferentes". De fato. A cada manhã eles "vestem roupas novas em folha, tiram latas fechadas do mais recente modelo de geladeira, ouvindo *jingles* recém-lançados na estação de rádio mais quente do momento". Mas a cada manhã "as sobras da Leônia de ontem aguardam pelo caminhão de lixo", e cabe indagar se a verdadeira paixão dos leonianos na verdade não seria "o prazer de expelir, descartar, limpar-se de uma impureza recorrente". Caso contrário, por que os varredores de rua seriam "recebidos como anjos", mesmo que sua missão fosse "cercada de um silêncio respeitoso" (o que é compreensível: "ninguém quer voltar a pensar em coisas que já foram rejeitadas")?

Pensemos...

Será que os habitantes de nosso líquido mundo moderno não são exatamente como os de Leônia, preocupados com uma coisa e falando de outra? Eles garantem que seu desejo, paixão, objetivo ou sonho é "relacionar-se". Mas será que na verdade não estão preocupados principalmente em evitar que suas relações acabem congeladas e coaguladas? Estão mesmo procurando relacionamentos duradouros, como dizem, ou seu maior desejo é que eles sejam leves e frouxos, de tal modo que, como as riquezas de Richard Baxter, que "cairiam sobre os ombros como um manto leve", possam "ser postos de lado a qualquer momento"? Afinal, que tipo de conselho eles querem de verdade: como estabelecer um relacionamento ou – só por precaução – como rompê-lo sem dor e com a consciência limpa? Não há uma resposta fácil a essa pergunta, embora ela precise ser respondida e vá continuar sendo feita, à medida que os habitantes do líquido mundo moderno seguirem sofrendo sob o peso esmagador da mais ambivalente entre as muitas tarefas com que se defrontam no dia a dia.

Talvez a própria ideia de "relacionamento" contribua para essa confusão. Apesar da firmeza que caracteriza as tentativas dos infelizes caçadores de relacionamentos e seus especialistas, essa noção resiste a ser plena e verdadeiramente purgada de suas conotações perturbadoras e preocupantes. Permanece cheia de ameaças vagas e premonições sombrias; fala ao mesmo tempo dos prazeres do convívio e dos horrores da clausura. Talvez seja por isso que, em vez de relatar suas experiências e expectativas utilizando termos como "relacionar-se" e "relacionamentos", as pessoas falem cada vez mais (auxiliadas e conduzidas pelos doutos especialistas) em conexões, ou "conectar-se" e "ser conectado". Em vez de parceiros, preferem falar em "redes". Quais são os méritos da linguagem da "conectividade" que estariam ausentes da linguagem dos "relacionamentos"?

Diferentemente de "relações", "parentescos", "parcerias" e noções similares – que ressaltam o engajamento mútuo ao mesmo tempo em que silenciosamente excluem ou omitem o seu oposto, a falta de compromisso –, uma "rede" serve de matriz tanto para conectar quanto para desconectar; não é possível imaginá-la sem as duas possibilidades. Na rede, elas são escolhas igualmente legítimas, gozam do mesmo status e têm importância idêntica. Não faz sentido perguntar qual dessas atividades complementares constitui "sua essência"! A palavra "rede" sugere momentos nos quais "se está em contato" intercalados por períodos de movimentação a esmo. Nela as conexões são estabelecidas e cortadas por escolha. A hipótese de um relacionamento "indesejável, mas impossível de romper" é o que torna "relacionar-se" a coisa mais traiçoeira que se possa imaginar. Mas uma "conexão indesejável" é um paradoxo. As conexões podem ser rompidas, e o são, muito antes que se comece a detestá-las.

Elas são "relações virtuais". Ao contrário dos relacionamentos antiquados (para não falar daqueles com "compromisso", muito menos dos compromissos de longo prazo), elas parecem feitas sob medida para o líquido cenário da vida moderna, em que se espera e se deseja que as "possibilidades românticas" (e não apenas românticas) surjam e desapareçam numa velocidade crescente e em volume cada vez maior, aniquilando-se mutuamente e tentando impor aos gritos a promessa de "ser a mais satisfatória e a mais completa". Diferentemente dos "relacionamentos reais", é fácil entrar e sair dos "relacionamentos virtuais". Em comparação com a "coisa autêntica", pesada, lenta e confusa, eles parecem inteligentes e limpos, fáceis de usar, compreender e manusear. Entrevistado a respeito da crescente popularidade do namoro pela internet, em detrimento dos bares para solteiros e das seções especializadas dos jornais e revistas, um jovem de 28 anos da Universidade de Bath apontou uma vantagem decisiva da relação eletrônica: "Sempre se pode apertar a tecla de deletar."

Como que obedecendo à lei de Gresham, as relações virtuais (rebatizadas de "conexões") estabelecem o padrão que orienta todos os outros relacionamentos. Isso não traz felicidade aos homens e mulheres que se rendem a essa pressão; dificilmente se poderia imaginá-los mais felizes agora do que quando se envolviam nas relações pré-virtuais. Ganha-se de um lado, perde-se de outro.

Como apontou Ralph Waldo Emerson, quando se esquia sobre gelo fino, a salvação está na velocidade. Quando se é traído pela qualidade, tende-se a buscar a desforra na quantidade. Se "os compromissos são irrelevantes" quando as relações deixam de ser honestas e parece improvável que se sustentem, as pessoas se inclinam a substituir as parcerias pelas redes. Feito isso, porém, estabelecer-se fica ainda mais difícil (e adiável) do que antes – pois agora não se tem mais a habilidade que faz, ou poderia fazer, a coisa funcionar. Estar em movimento, antes um privilégio e uma conquista, torna-se uma necessidade. Manter-se em alta velocidade, antes uma aventura estimulante, vira uma tarefa cansativa. Mais importante, a desagradável incerteza e a irritante confusão, supostamente escorraçadas pela velocidade, recusam-se a sair de cena. A facilidade do desengajamento e do rompimento (a qualquer hora) não reduzem os riscos, apenas os distribuem de modo diferente, junto com as ansiedades que provocam.

Este livro é dedicado aos riscos e ansiedades de se viver junto, e separado, em nosso líquido mundo moderno.

· 1 ·

Apaixonar-se e desapaixonar-se

"Meu caro amigo, estou lhe enviando um pequeno trabalho do qual se poderia dizer, sem injustiça, que não é cabeça nem rabo, já que tudo nele é, ao contrário, uma cabeça e um rabo, alternada e reciprocamente. Suplico-lhe que leve em consideração a conveniência admirável que tal combinação oferece a todos nós – a você, a mim e ao leitor. Podemos abreviar – eu, meus devaneios; você, o texto; o leitor, sua leitura. Pois eu não atrelo interminavelmente a fatigada vontade de qualquer um deles a uma trama supérflua. Retire um anel, e as duas partes desta tortuosa fantasia voltarão a se unir sem dificuldade. Corte em pedacinhos e vai descobrir que cada um deles tem vida própria. Na expectativa de que alguma dessas fatias possa agradá-lo e diverti-lo, ouso dedicar-lhe a cobra inteira."

Foi assim que Charles Baudelaire apresentou *Le spleen de Paris* a seus leitores. Que pena. Não fosse por isso, eu gostaria de escrever esse mesmo preâmbulo, ou um parecido, sobre o texto que segue. Mas ele o escreveu – e *só* me resta citá-lo. Evidentemente, Walter Benjamin enfatizaria na última sentença a palavra "só". E eu também, pensando bem.

"Corte-a em pedacinhos e vai descobrir que cada um deles tem vida própria." Os fragmentos que fluíam da pena de Baudelaire tinham. Se os dispersos retalhos de pensamento reunidos a seguir também terão, não cabe a mim decidir, mas ao leitor.

A família dos pensamentos está repleta de anões. É por isso que a lógica e o método foram inventados e, depois de descobertos, adotados pelos pensadores de ideias. Pigmeus podem esconder-se e acabar esquecendo sua insignificância em meio ao esplendor de colunas em marcha e formações de batalha. Cerradas as fileiras, quem vai notar o tamanho diminuto dos soldados? É possível reunir um exército de aparência extremamente poderosa alinhando-se para o combate fileiras após fileiras de pigmeus...

Só para satisfazer os viciados em metodologia, talvez eu devesse ter feito o mesmo com estes fragmentos. Mas como não tenho tempo para levar a cabo essa tarefa, seria tolice de minha parte pensar primeiro na ordem das fileiras e deixar a convocação para o final...

Pensando bem: talvez o tempo de que disponho pareça curto demais não por minha idade avançada, mas porque, quanto mais velho você é, mais sabe que os pensamentos, embora possam parecer grandiosos, jamais serão grandes o suficiente para abarcar a generosa prodigalidade da experiência humana, muito menos para explicá-la. O que sabemos, o que desejamos saber, o que lutamos para saber, o que devemos tentar saber sobre amor ou rejeição, estar só ou acompanhado e morrer acompanhado ou só – será que tudo isso poderia ser alinhado, ordenado, adequado aos padrões de coerência, coesão e completude estabelecidos para assuntos de menor grandeza? Talvez sim – quer dizer, na infinitude do tempo.

Não é verdade que, quando se diz tudo sobre os principais temas da vida humana, as coisas mais importantes continuam por dizer?

O amor e a morte – os dois personagens principais desta história sem trama nem desfecho, mas que condensa a maior parte do som e da fúria da vida – admitem, mais que quaisquer outros, esse tipo de devaneio/escrita/leitura.

Para Ivan Klima, poucas coisas se parecem tanto com a morte quanto o amor realizado. Cada chegada de um dos dois é sempre única, mas também definitiva: não suporta a repetição, não permite recurso nem promete prorrogação. Deve sustentar-se "por si mesmo" – e consegue. Cada um deles nasce, ou renasce, no próprio momento em que surge, sempre a partir do nada, da escuridão do não ser sem passado nem futuro; começa sempre do começo, desnudando o caráter supérfluo das tramas passadas e a futilidade dos enredos futuros.

Nem no amor nem na morte pode-se penetrar duas vezes – menos ainda que no rio de Heráclito. Eles são, na verdade, suas próprias cabeças e seus próprios rabos, dispensando e descartando todos os outros.

Bronislaw Malinowski ironizava os difusionistas por confundirem coleções de museu com genealogias. Tendo visto toscos utensílios de pederneira expostos em estojos de vidro diante de instrumentos mais refinados, eles falavam de uma "história das ferramentas". Era, zombava Malinowski, como se um machado de pedra gerasse um outro, da mesma forma que, digamos, o *hipparion* deu origem, na plenitude do tempo, ao *equus caballus*. Os cavalos podem derivar de outros cavalos, mas as ferramentas não têm ancestralidade nem descendência. Diferentemente dos cavalos, não têm uma história própria. Pode-se dizer que elas pontuam as biografias individuais e as histórias coletivas dos seres humanos, das quais são emanações ou sedimentos.

Quase o mesmo se pode dizer do amor e da morte. Parentesco, afinidade, elos causais são traços da individualidade e/ou do convívio humanos. O amor e a morte não têm história própria. São eventos que ocorrem no tempo humano – eventos distintos, *não* conectados (muito menos de modo *causal*) com eventos "similares", a não ser na visão de instituições ávidas por identificar – (por inventar) – retrospectivamente essas conexões e compreender o incompreensível.

Assim, não se pode aprender a amar, tal como não se pode aprender a morrer. E não se pode aprender a arte ilusória – inexistente, embora ardentemente desejada – de evitar suas garras e ficar fora de seu caminho. Chegado o momento, o amor e a morte atacarão – mas não se tem a mínima ideia de quando isso acontecerá. Quando acontecer, vai pegar você desprevenido. Em nossas preocupações diárias, o amor e a morte aparecerão *ab nihilo* – a partir do nada. Evidentemente, todos nós tendemos a nos esforçar muito para extrair alguma experiência desse fato; tentamos estabelecer seus antecedentes, apresentar o princípio infalível de um *post hoc* como se fosse um *propter hoc*, construir uma linhagem que "faça sentido" – e na maioria das vezes obtemos sucesso. Precisamos desse sucesso pelo conforto espiritual que ele nos traz: faz ressurgir, ainda que de forma circular, a fé na regularidade do mundo e na previsibilidade dos eventos, indispensável para a nossa saúde mental. Também evoca uma ilusão de sabedoria conquistada, de aprendizado, e sobretudo de uma sabedoria que se pode aprender, tal como aprendemos a usar os cânones da indução de J.S. Mill, a dirigir automóveis, a comer com pauzinhos em vez de garfos ou a produzir uma impressão favorável em nossos entrevistadores.

No caso da morte, o aprendizado se restringe de fato à experiência de outras pessoas, e portanto constitui uma ilusão *in extremis*. A experiência alheia não pode ser verdadeiramente aprendida como tal; não é possível distinguir, no produto final da descoberta do objeto, entre o *Erlebnis* original e a contribuição criativa trazida pela capacidade de imaginação do sujeito. A experiência dos outros só pode ser conhecida como a história manipulada e interpretada daquilo por que eles passaram. No mundo real, tal como nos desenhos de Tom & Jerry, talvez alguns gatos tenham sete vidas ou até mais, e talvez alguns convertidos possam acreditar na ressurreição – mas permanece o fato de que a morte, assim como o nascimento, só ocorre uma vez. Não há como aprender a "fazer certo na próxima oportunidade" com um evento que jamais voltaremos a vivenciar.

O amor parece desfrutar de um status diferente do de outros acontecimentos únicos.

De fato, é possível que alguém se apaixone mais de uma vez, e algumas pessoas se gabam – ou se queixam – de que apaixonar-se e "desapaixonar-se" é algo que lhes acontece (assim como a outras pessoas que vêm a conhecer nesse processo) de modo muito fácil. Todos nós já ouvimos histórias sobre essas pessoas particularmente "propensas" ou "vulneráveis" ao amor.

Há bases bastante sólidas para se ver o amor, e em particular a condição de "apaixonado", como – quase que por sua própria natureza – uma condição recorrente, passível de repetição, que inclusive nos convida a seguidas tentativas. Pressionados, a maioria de nós poderia enumerar momentos em que nos sentimos apaixonados e de fato estávamos. Pode-se supor (mas será uma suposição fundamentada) que em nossa época cresce rapidamente o número de pessoas que tendem a chamar de amor mais de uma de suas experiências de vida, que não garantiriam que o amor que atualmente vivenciam é o último e que têm a expectativa de viver outras experiências como essa no futuro. Não devemos nos surpreender se essa suposição se mostrar correta. Afinal, a definição romântica do amor como "até que a morte nos separe" está decididamente fora de moda, tendo deixado para trás seu tempo de vida útil em função da radical alteração das estruturas de parentesco às quais costumava servir e de onde extraía seu vigor e sua valorização. Mas o desaparecimento dessa noção significa, inevitavelmente, a facilitação dos testes pelos quais uma experiência deve passar para ser chamada de "amor". Em vez de haver mais pessoas atingindo mais vezes os elevados padrões do amor, esses padrões foram baixados. Como resultado, o conjunto de experiências às quais nos referimos com a palavra amor expandiu-se muito. Noites avulsas de sexo são referidas pelo codinome de "fazer amor".

A súbita abundância e a evidente disponibilidade das "experiências amorosas" podem alimentar (e de fato alimentam) a convicção de que amar (apaixonar-se, instigar o amor) é uma habilidade que se pode adquirir, e que o domínio dessa habilidade aumenta com a prática e a assiduidade do exercício. Pode-se até acreditar (e frequentemente se acredita) que as habilidades do fazer amor tendem a crescer com o acúmulo de experiências; que o próximo amor será uma experiência ainda mais estimulante do que a que estamos vivendo atualmente, embora não tão emocionante ou excitante quanto a que virá depois.

Essa é, contudo, outra ilusão... O conhecimento que se amplia juntamente com a série de eventos amorosos é o conhecimento do "amor" como episódios intensos, curtos e impactantes, desencadeados pela consciência *a priori* de sua própria fragilidade e curta duração. As habilidades assim adquiridas são as de "terminar rapidamente e começar do início", das quais, segundo Søren Kierkegaard, o Don Giovanni de Mozart era o virtuoso arquetípico. Guiado pela compulsão de tentar novamente, e obcecado em evitar que cada sucessiva tentativa do presente pudesse atrapalhar uma outra no futuro, Don Giovanni era também um arquetípico "impotente amoroso". Se o propósito dessa busca e experimentação infatigáveis fosse o amor, a compulsão a experimentar frustraria esse propósito. É tentador afirmar que o efeito dessa aparente "aquisição de habilidades" tende a ser, como no caso de Don Giovanni, o *desaprendizado* do amor – uma "exercitada incapacidade" para amar.

Um resultado como esse – a vingança do amor, por assim dizer, sobre aqueles que ousam desafiar-lhe a natureza – seria de se esperar. Pode-se aprender a desempenhar uma atividade em que haja um conjunto de regras invariáveis correspondendo a um cenário estável e monotonamente repetitivo que favoreça o aprendizado, a memorização e a manutenção dessa simulação. Num ambiente instável, fixar e adquirir hábitos – marcas registradas do aprendizado exitoso – não são apenas contraproducentes, mas podem mostrar-se fatais em suas consequências. O que é mortal para os ratos dos esgotos urbanos – aquelas criaturas inteligentíssimas capazes de aprender rapidamente a distinguir comidas de iscas venenosas – é o elemento de instabilidade, de desafio às regras, inserido na rede de calhas e dutos subterrâneos pela "alteridade" irregular, inapreensível, imprevisível e verdadeiramente impenetrável de outras criaturas inteligentes – os seres humanos, com sua notória tendência a quebrar a rotina e derrubar a distinção entre o regular e o contingente. Se essa distinção não se sustenta, o aprendizado (entendido como a aquisição de hábitos úteis) está fora de questão. Os que insistem em orientar suas ações de acordo com precedentes, como aqueles generais conhecidos por lutar novamente sua última guerra vitoriosa, assumem riscos suicidas e não favorecem a eliminação dos problemas.

É da natureza do amor – como Lucano observou há dois milênios e Francis Bacon repetiu muitos séculos depois – ser refém do destino.

No *Banquete* de Platão, a profetisa Diotima de Mantineia ressaltou para Sócrates, com a sincera aprovação deste, que "o amor não se dirige ao belo, como você pensa; dirige-se à geração e ao nascimento no belo". Amar é querer "gerar e procriar", e assim o amante "busca e se ocupa em encontrar a coisa bela na qual possa gerar". Em outras palavras, não é ansiando por coisas prontas, completas e concluídas que o amor encontra o seu significado, mas no estímulo a participar da gênese dessas coisas. O amor é afim à transcendência; não é senão outro nome para o impulso criativo e como tal carregado de riscos, pois o fim de uma criação nunca é certo.

Em todo amor há pelo menos dois seres, cada qual a grande incógnita na equação do outro. É isso que faz o amor parecer um capricho do destino – aquele futuro estranho e misterioso, impossível de ser descrito antecipadamente, que deve ser realizado ou protelado, acelerado ou interrompido. Amar significa abrir-se ao destino, a mais sublime de todas as condições humanas, em que o medo se funde ao regozijo num amálgama irreversível. Abrir-se ao destino significa, em última instância, admitir a liberdade no ser: aquela liberdade que se incorpora no Outro, o companheiro no amor. "A satisfação no amor individual não pode ser atingida ... sem a humildade, a coragem, a fé e a disciplina verdadeiras", afirma Erich Fromm – apenas para acrescentar adiante, com tristeza, que em "uma cultura na qual são raras essas qualidades, atingir a capacidade de amar será sempre, necessariamente, uma rara conquista".[1]

E assim é numa cultura consumista como a nossa, que favorece o produto pronto para uso imediato, o prazer passageiro, a satisfação instantânea, resultados que não exijam esforços prolongados, receitas testadas, garantias de seguro total e devolução do dinheiro. A promessa de aprender a arte de amar é a oferta (falsa, enganosa, mas que se deseja ardentemente que seja verdadeira) de construir a "experiência amorosa" à semelhança de outras mercadorias, que fascinam e seduzem exibindo todas essas características e prometem desejo sem ansiedade, esforço sem suor e resultados sem esforço.

Sem humildade e coragem não há amor. Essas duas qualidades são exigidas, em escalas enormes e contínuas, quando se ingressa numa terra inexplorada e não mapeada. E é a esse território que o amor conduz ao se instalar entre dois ou mais seres humanos.

Eros, como insiste Levinas,[2] difere da posse e do poder; não é nem uma batalha nem uma fusão – e nem tampouco conhecimento.

Eros é "uma relação com a alteridade, com o mistério, ou seja, com o futuro, com o que está ausente do mundo que contém tudo o que é…". "O *pathos* do amor consiste na intransponível dualidade dos seres." Tentativas de superar essa dualidade, de abrandar o obstinado e domar o turbulento, de tornar prognosticável o incognoscível e de acorrentar o nômade – tudo isso soa como um dobre de finados para o amor. Eros não quer sobreviver à dualidade. Quando se trata de amor, posse, poder, fusão e desencanto são os Quatro Cavaleiros do Apocalipse.

Nisso reside a assombrosa fragilidade do amor, lado a lado com sua maldita recusa em suportar com leveza a vulnerabilidade. Todo amor empenha-se em subjugar, mas quando triunfa encontra a derradeira derrota. Todo amor luta para enterrar as fontes de sua precariedade e incerteza, mas, se obtém êxito, logo começa a se enfraquecer – e definhar. Eros é possuído pelo fantasma de Tanatos, que nenhum encantamento mágico é capaz de exorcizar. A questão não é a precocidade de Eros, e não há instrução ou expedientes autodidáticos que possam libertá-lo de sua mórbida – suicida – inclinação.

O desafio, a atração e a sedução do Outro tornam toda distância, ainda que reduzida e minúscula, insuportavelmente grande.

A abertura tem a aparência de um precipício. Fusão e subjugação parecem ser as únicas curas para o tormento. E não há senão uma tênue fronteira, à qual facilmente se fecham os olhos, entre a carícia suave e gentil e a garra que aperta, implacável. Eros não pode ser fiel a si mesmo sem praticar a primeira, mas não pode praticá-la sem correr o risco da segunda. Eros move a mão que se estende na direção do outro – mas mãos que acariciam também podem prender e esmagar.

Não importa o que você aprendeu sobre amor e amar, sua sabedoria só pode vir, tal como o Messias de Kafka, um dia depois de sua chegada.

Enquanto vive, o amor paira à beira do malogro. Dissolve seu passado à medida que prossegue. Não deixa trincheiras onde possa buscar abrigo em caso de emergência. E não sabe o que está pela frente e o que o futuro pode trazer. Nunca terá confiança suficiente para dispersar as nuvens e abafar a ansiedade. O amor é uma hipoteca baseada num futuro incerto e inescrutável.

O amor pode ser, e frequentemente é, tão atemorizante quanto a morte. Só que ele encobre essa verdade com a comoção do desejo e do excitamento. Faz sentido pensar na diferença entre amor e morte como na que existe entre atração e repulsa. Pensando bem, contudo, não se pode ter tanta certeza disso. As promessas do amor são, via de regra, menos ambíguas do que suas dádivas. Assim, a tentação de apaixonar-se é grande e poderosa, mas também o é a atração de escapar. E o fascínio da procura de uma rosa sem espinhos nunca está muito longe, e é sempre difícil de resistir.

Desejo e amor. Irmãos. Por vezes gêmeos; nunca, porém, gêmeos idênticos (univitelinos).

Desejo é vontade de consumir. Absorver, devorar, ingerir e digerir – aniquilar. O desejo não precisa ser instigado por nada mais do que a presença da alteridade. Essa presença é desde sempre uma afronta e uma humilhação. O desejo é o ímpeto de vingar a afronta e evitar a humilhação. É uma compulsão a preencher a lacuna que separa da alteridade, na medida em que esta acena e repele, em que seduz com a promessa do inexplorado e irrita por sua obstinada e evasiva diferença. O desejo é um impulso que incita a despir a alteridade dessa diferença; portanto, a desempoderá-la [disempower]. Provar, explorar, tornar familiar e domesticar. Disso a alteridade emergiria com o ferrão da tentação arrancado e partido – quer dizer, se sobrevivesse ao tratamento. Mas são grandes as chances de que, nesse processo, suas sobras indigestas caiam do reino dos produtos de consumo para o dos refugos.

Os produtos de consumo atraem, os refugos repelem. Depois do desejo vem a remoção dos refugos. É, ao que parece, como forçar o que é estranho a abandonar a alteridade *e* desfazer-se da carapaça dissecada que se congela na alegria da satisfação, pronta a dissolver-se tão logo se conclua a tarefa. Em sua essência, o desejo é um impulso de destruição. E, embora de forma oblíqua, de *auto*-destruição: o desejo é contaminado, desde o seu nascimento, pela vontade de morrer. Esse é, porém, seu segredo mais bem guardado – sobretudo de si mesmo.

O amor, por outro lado, é a vontade de cuidar, e de preservar o objeto cuidado. Um impulso centrífugo, ao contrário do centrípeto desejo. Um impulso de expandir-se, ir além, alcançar o que "está lá fora". Ingerir, absorver e assimilar o sujeito no objeto, e não vice-versa, como no caso do desejo. Amar é contribuir para o mundo, cada contribuição sendo o traço vivo do eu que ama. No amor, o eu é, pedaço por pedaço, transplantado para o mundo. *O eu que ama se expande doando-se ao objeto amado*. Amar diz respeito a autossobrevivência através da alteridade. E assim o amor significa um estímulo a proteger, alimentar, abrigar; e também à carícia, ao afago e ao mimo, ou a – ciumentamente – guardar, cercar, encarcerar. Amar significa estar a serviço, colocar-se à disposição, aguardar a ordem. Mas também pode significar expropriar e assumir a responsabilidade. Domínio mediante renúncia, sacrifício resultando em exaltação. O amor é irmão xifópago da sede de poder – nenhum dos dois sobreviveria à separação.

Se o desejo quer consumir, o amor quer possuir. Enquanto a realização do desejo coincide com a aniquilação de seu objeto, o amor cresce com a aquisição deste e se realiza na sua durabilidade. Se o desejo se autodestrói, o amor se autoperpetua.

Tal como o desejo, o amor é uma ameaça ao seu objeto. O desejo destrói seu objeto, destruindo a si mesmo nesse processo; a rede protetora carinhosamente tecida pelo amor em torno de seu objeto escraviza esse objeto. O amor aprisiona e coloca o detido sob custódia. Ele prende para proteger o prisioneiro.

Desejo e amor encontram-se em campos opostos. O amor é uma rede lançada sobre a eternidade, o desejo é um estratagema para livrar-se da faina de tecer redes. Fiéis a sua natureza, o amor se empenharia em perpetuar o desejo, enquanto este se esquivaria aos grilhões do amor.

"Seus olhos se cruzam na sala lotada; o brilho da atração está lá. Você conversa, dança, ri, compartilha um drinque ou uma piada, e quando se dá conta um dos dois pergunta: 'Na sua casa ou na minha?' Nenhum dos dois está a fim de nada sério, mas de algum modo uma noite pode virar uma semana, depois um mês, um ano ou mais" – observa Catherine Jarvie (no *Guardian Weekend*).[3]

Esse resultado inesperado do lampejo do desejo e da noite de sexo destinada a aplacá-lo é, na expressão de Jarvie, "um meio-termo emocional entre a liberdade do encontro e a seriedade de um relacionamento significativo" (embora a "seriedade", como lembra ela a seus leitores, não impeça que um "relacionamento significativo" termine em "dificuldades e amarguras" quando um dos parceiros "mantém o compromisso de levar a relação adiante enquanto o outro está ávido por caçar em outras pastagens"). As soluções de meio-termo – como todos os outros arranjos "até segunda ordem" num ambiente fluido no qual amarrar o futuro é algo tão irrealizável quanto apreciado – não são necessariamente ruins (na opinião tanto de Jarvie quanto da dra. Valerie Lamont, psicóloga e especialista por ela citada). Mas quando "você se comprometer, mesmo que sem entusiasmo", "lembre-se de que pode estar fechando as portas a outras possibilidades românticas" (ou seja, renunciando ao direito de "caçar em novas pastagens", ao menos até que o parceiro reivindique esse direito antes de você).

Uma observação brilhante, uma avaliação sóbria: você está numa situação de escolha obrigatória. Desejo e amor são e/ou.

Mais observações brilhantes: seus olhos se cruzam na sala, e quando você se dá conta... O desejo de brincar juntos na cama se insinua do nada, e não precisa bater muito à porta para que o deixem entrar. Talvez de modo inusual num mundo obcecado pela segurança, esse tipo de porta tem poucas fechaduras, se é que chega a tê-las. Nada de circuito fechado de televisão para examinar detidamente os intrusos e distinguir os gatunos dos visitantes de boa-fé. Verificar a compatibilidade dos signos (como nos comerciais televisivos de uma marca de telefones celulares) pode resolver o problema.

Dizer "desejo" talvez seja demais. É como num shopping: os consumidores hoje não compram para satisfazer um desejo, como observou Harvie Ferguson – compram *por impulso*. Semear, cultivar e alimentar o desejo leva tempo (um tempo insuportavelmente prolongado para os padrões de uma cultura que tem pavor em postergar, preferindo a "satisfação instantânea"). O desejo precisa de tempo para germinar, crescer e amadurecer. Numa época em que o "longo prazo" é cada vez mais curto, ainda assim a velocidade de maturação do desejo resiste de modo obstinado à aceleração. O tempo necessário para o investimento no cultivo do desejo dar lucros parece cada vez mais longo – irritante e insustentavelmente longo.

Os administradores de shopping centers não têm sido agraciados com esse tempo por seus acionistas, mas tampouco desejam que as decisões de compra sejam tomadas por motivos nascidos e amadurecidos ao acaso, nem deixar seu cultivo nas mãos leigas dos consumidores. Todos os motivos necessários para fazê-los comprar devem nascer instantaneamente, enquanto passeiam pelo shopping. Também podem ter morte instantânea (por suicídio assistido, na maioria dos casos), uma vez concluída a tarefa.

Sua expectativa de vida não precisa ser maior do que o tempo gasto pelos consumidores vagando entre a entrada e a saída do shopping.

Nos dias de hoje, os shopping centers tendem a ser planejados tendo-se em mente o súbito despertar e a rápida extinção dos impulsos, e não a incômoda e prolongada criação e maturação dos desejos. O único desejo que pode (e deve) ser implantado por meio da visita a um shopping é o de repetir, vezes e vezes seguidas, o momento estimulante de "abandonar-se aos impulsos" e permitir que estes comandem o espetáculo sem que haja um cenário predefinido. A curta expectativa de vida é o trunfo dos impulsos, dando-lhes uma vantagem sobre os desejos. Render-se aos impulsos, ao contrário de seguir um desejo, é algo que se sabe ser transitório, mantendo-se a esperança de que não deixará consequências duradouras capazes de impedir novos momentos de êxtase prazeroso. No caso das parcerias, e particularmente das parcerias sexuais, seguir os impulsos em vez dos desejos significa deixar as portas escancaradas "a novas possibilidades românticas" que, como sugere a dra. Lamont e pondera Catherine Jarvie, podem ser "mais satisfatórias e completas".

Com a ação por impulso profundamente incutida na conduta cotidiana pelos poderes supremos do mercado de consumo, seguir um desejo é como caminhar constrangido, de modo desastrado e desconfortável, na direção do compromisso amoroso.

Em sua versão ortodoxa, o desejo precisa ser cultivado e preparado, o que envolve cuidados demorados, a árdua barganha com consequências inevitáveis, algumas escolhas difíceis e concessões dolorosas. Mas, pior que tudo, impõe que se retarde a satisfação, sem dúvida o sacrifício mais detestado em nosso mundo de velocidade e aceleração. Em sua reencarnação radical, aguçada e sobretudo compacta como impulso, o desejo perdeu a maior parte de tais atributos protelatórios, enquanto focalizava mais de perto o seu alvo. Tal como nos comerciais que anunciavam o surgimento dos cartões de crédito, agora não precisamos esperar para satisfazer nossos desejos.

Guiada pelo impulso ("seus olhos se cruzam na sala lotada"), a parceria segue o padrão do shopping e não exige mais que as habilidades de um consumidor médio, moderadamente experiente. Tal como outros bens de consumo, ela deve ser consumida instantaneamente (não requer maiores treinamentos nem uma preparação prolongada) e usada uma só vez, "sem preconceito". É, antes de mais nada, eminentemente descartável.

Consideradas defeituosas ou não "plenamente satisfatórias", as mercadorias podem ser trocadas por outras, as quais se espera que agradem mais, mesmo que não haja um serviço de atendimento ao cliente e que a transação não inclua a garantia de devolução do dinheiro. Mas, ainda que cumpram o que delas se espera, não se imagina que permaneçam em uso por muito tempo. Afinal, automóveis, computadores ou telefones celulares perfeitamente usáveis, em bom estado e em condições de funcionamento satisfatórias são considerados, sem remorso, como um monte de lixo no instante em que "novas e aperfeiçoadas versões" aparecem nas lojas e se tornam o assunto do momento. Alguma razão para que as parcerias sejam consideradas uma exceção à regra?

As promessas de compromisso, escreve Adrienne Burgess, "são irrelevantes a longo prazo".[4]

E ela prossegue explicando: "O compromisso é uma consequência aleatória de outras coisas: nosso grau de satisfação com o relacionamento; se nós vemos uma alternativa viável para ele; e se levá-lo adiante nos causaria uma perda importante em matéria de investimentos (tempo, dinheiro, propriedades em comum, filhos)." Mas, segundo Caryl Rusbult, "especialista em relacionamentos" da Universidade da Carolina do Norte, "esses fatores têm altas e baixas, da mesma forma que os sentimentos de compromisso".

Um dilema, de fato: você reluta em cortar seus gastos, mas abomina a perspectiva de perder ainda mais dinheiro na tentativa de recuperá-los. Um relacionamento, como lhe dirá o especialista, é um investimento como todos os outros: você entrou com tempo, dinheiro, esforços que poderia empregar para outros fins, mas não empregou, esperando estar fazendo a coisa certa e esperando também que aquilo que perdeu ou deixou de desfrutar acabaria, de alguma forma, sendo-lhe devolvido – com lucro. Você compra ações e as mantém enquanto seu valor promete crescer, e as vende prontamente quando os lucros começam a cair ou outras ações acenam com um rendimento maior (o truque é não deixar passar o momento em que isso ocorre). Se você investe numa relação, o lucro esperado é, em primeiro lugar e acima de tudo, a segurança – em muitos sentidos: a proximidade da mão amiga quando você mais precisa dela, o socorro na aflição, a companhia na solidão, o apoio para sair de uma dificuldade, o consolo na derrota e o aplauso na vitória; e também a gratificação que nos toma imediatamente quando nos livramos de uma necessidade. Mas esteja alerta: quando se entra num relacionamento, as promessas de compromisso são "irrelevantes a longo prazo".

É claro. Relacionamentos são investimentos como quaisquer outros, mas será que alguma vez lhe ocorreria fazer juras de lealdade às ações que acabou de adquirir? Jurar ser fiel para sempre, nos bons e maus momentos, na riqueza e na pobreza, "até que a morte nos separe"? Nunca olhar para os lados, onde (quem sabe?) prêmios maiores podem estar acenando?

A primeira coisa que os bons acionistas (prestem atenção: os acionistas só *detêm* as ações, e é possível desfazer-se daquilo que se detém) fazem de manhã é abrir os jornais nas páginas sobre mercado de capitais para saber se é hora de manter suas ações ou desfazer-se delas. É assim também com outro tipo de ações, os relacionamentos. Só que nesse caso não existe um mercado em operação e ninguém fará por você o trabalho de ponderar as probabilidades e avaliar as chances (a menos que você contrate um especialista, da mesma forma que contrata um consultor financeiro ou um contador habilitado, embora no caso dos relacionamentos haja uma infinidade de programas de entrevistas e "dramas da vida real" tentando ocupar esse espaço). E assim você tem que seguir, dia após dia, por conta própria. Se cometer um erro, não terá direito ao conforto de pôr a culpa numa informação equivocada. Precisa estar em alerta constante. Se cochilar ou reduzir a vigilância, problema seu. "Estar num relacionamento" significa muita dor de cabeça, mas sobretudo uma incerteza permanente. Você nunca poderá estar plena e verdadeiramente seguro daquilo que faz – ou de ter feito a coisa certa ou no momento preciso.

Parece que esse dilema não tem uma boa solução. Pior ainda, que ele está impregnado de um paradoxo do tipo mais desagradável: não apenas a relação falha em termos da necessidade que deveria (e esperávamos que pudesse) cumprir, mas torna essa necessidade ainda mais afrontosa e exasperante. Você busca o relacionamento na expectativa de mitigar a insegurança que infestou sua solidão; mas o tratamento só fez expandir os sintomas, e agora você talvez se sinta mais inseguro do que antes, ainda que essa "nova e agravada" insegurança provenha de outras paragens. Se você pensava que os juros de seu investimento em companhia seriam pagos na moeda forte da segurança, parece que sua iniciativa se baseou em falsos pressupostos.

Isso significa problemas e nada mais que problemas – mas não todo o problema. Comprometer-se com um relacionamento, "irrelevante a longo prazo" (fato de que *ambos* os lados estão cientes!) é uma faca de dois gumes. Faz com que manter ou confiscar o investimento seja uma questão de cálculo e decisão. Mas não há motivo para supor que seu parceiro ou parceira não deseje, se for o caso, exercitar uma escolha semelhante, e que não esteja livre para fazê-lo se e quando desejar. Essa consciência aumenta ainda mais sua incerteza – e a parte acrescentada é a mais difícil de suportar. Ao contrário de uma escolha pessoal do tipo "pegar ou largar", não está em seu poder evitar que o parceiro ou parceira prefira sair do negócio. Há muito pouco que você possa fazer para mudar essa decisão a seu favor. Para o parceiro, você é a ação a ser vendida ou o prejuízo a ser eliminado – e ninguém consulta as ações antes de devolvê-las ao mercado, nem os prejuízos antes de cortá-los.

Por todos os motivos, a visão do relacionamento como uma transação comercial não é a cura para a insônia. Investir no relacionamento é inseguro e tende a continuar sendo, mesmo que você deseje o contrário: é uma dor de cabeça, não um remédio.

Na medida em que os relacionamentos são vistos como investimentos, como garantias de segurança e solução de seus problemas, eles parecem um jogo de cara ou coroa. A solidão produz insegurança – mas o relacionamento não parece fazer outra coisa. Numa relação, você pode sentir-se tão inseguro quanto sem ela, ou até pior. Só mudam os nomes que você dá à ansiedade.

Se não há uma boa solução para um dilema, se nenhuma medida aparentemente sensata e efetiva consegue fazer com que a saída pareça ao menos um pouco mais próxima, as pessoas tendem a se comportar de modo irracional, aumentando o problema e tornando ainda menos plausível resolvê-lo.

Christopher Clulow, do Instituto Tavistock de Estudos Matrimoniais, outro especialista citado por Adrienne Burgess, conclui: "Quando se sentem inseguros, os amantes tendem a se portar de modo não construtivo, seja tentando agradar ou controlar, talvez até agredindo fisicamente – o que provavelmente afastará o outro ainda mais." Quando a insegurança sobe a bordo, perde-se a confiança, a ponderação e a estabilidade da navegação. À deriva, a frágil balsa do relacionamento oscila entre as duas rochas nas quais muitas parcerias esbarram: a submissão e o poder absolutos, a aceitação humilde e a conquista arrogante, destruindo a própria autonomia e sufocando a do parceiro. Chocar-se contra uma dessas rochas afundaria até mesmo uma boa embarcação com tripulação qualificada – o que dizer de uma balsa com um marinheiro inexperiente que, criado na era dos acessórios, nunca teve a oportunidade de aprender a arte dos reparos? Nenhum marinheiro atualizado perderia tempo consertando uma peça sem condições para a navegação, preferindo trocá-la por outra sobressalente. Mas na balsa do relacionamento não há peças sobressalentes.

O fracasso no relacionamento é muito frequentemente um fracasso na comunicação.

Como observou Knud Løgstrup – inicialmente o insinuante evangelista da paróquia de Funen, mais tarde o estridente filósofo da ética da Universidade de Aarhus –, há duas "perversões divergentes" à espreita do comunicador imprevidente ou descuidado.[5] Uma delas é "o tipo de associação que, devido à preguiça, ao medo ou a uma propensão à acomodação no relacionamento, consiste simplesmente em tentar agradar um ao outro enquanto se continua fugindo do problema. Com a possível exceção de uma causa comum contra uma terceira pessoa, não há nada que promova mais uma relação confortável do que a louvação mútua". Outra perversão consiste em "nosso desejo de mudar os outros. Temos opiniões definidas sobre como fazer as coisas e sobre como os outros deveriam ser. Essas opiniões carecem de critério, pois, quanto mais definitivas, mais necessário se torna que evitemos ser confundidos por uma compreensão excessiva daqueles que devem ser mudados".

O problema é que essas perversões são, muito frequentemente, filhas do amor. A primeira delas pode resultar do desejo de paz e conforto, como está implícito na afirmação de Løgstrup. Mas também pode ser, e com frequência é, o produto do respeito amoroso pelo outro: eu amo você, e assim permito que você seja como é e insiste em ser, apesar das dúvidas que eu possa ter quanto à sensatez de sua escolha. Não importa o mal que sua obstinação possa me causar: não ousarei contradizer você, muito menos pressionar para que você escolha entre a sua liberdade e o meu amor. Você pode contar com a minha aprovação, aconteça o que acontecer… E já que o amor não pode deixar de ser possessivo, minha generosidade amorosa é baseada na esperança: aquele cheque em branco é um presente do meu amor, um presente precioso que não se encontra em outros lugares. Meu amor é o refúgio tranquilo que você procurava e de que precisava mesmo que não procurasse. Agora você pode sossegar e suspender a busca…

Eis aí a possessividade amorosa – mas uma possessividade que procura realizar-se por meio do autocontrole.

A segunda perversão vem de se deixar a possessividade amorosa correr livre e raivosa. O amor é uma das respostas paliativas a essa bênção/maldição da individualidade humana, que tem como um de seus muitos atributos a solidão que a condição de separação traz consigo (como insinua Erich Fromm,[6] seres humanos de todas as idades e culturas são confrontados com a solução de uma única e mesma questão: como superar a separação, como alcançar a união, como transcender a vida individual e encontrar a "harmonia com o todo"). Todo amor é matizado pelo impulso antropofágico. Todos os amantes desejam suavizar, extirpar e expurgar a exasperadora e irritante alteridade que os separa daqueles a que amam. Separar-se do ser amado é o maior medo do amante, e muitos fariam qualquer coisa para se livrarem de uma vez por todas do espectro da despedida. Que melhor maneira de atingir esse objetivo do que transformar o amado numa parte inseparável do amante? Aonde eu for você também vai; o que eu faço você também faz; o que eu aceito você também aceita; o que me ofende também ofende a você. Se você não é nem pode ser meu gêmeo siamês, seja o meu clone!

A segunda perversão tem também outra raiz, fincada na adoração que o amante tem pelo ente amado. Em sua introdução a uma coletânea de textos intitulada *Philosophies of love*,[7] David L. Norton e Mary F. Kille contam a história de um homem que convidou alguns amigos para um jantar em que estes conheceriam "a perfeita encarnação da Beleza, Virtude, Sabedoria e Graça – em suma, a mais adorável mulher do mundo". Mais tarde no mesmo dia, à mesa do restaurante, os convidados "se esforçaram para esconder seu assombro": seria aquela "a criatura que superava Vênus, Helena e Lady Hamilton em beleza"? Por vezes é difícil separar a adoração do ser amado da autoadoração. Pode-se observar um traço de um ego expansivo e no entanto inseguro, desesperado por confirmar seus méritos incertos por meio de seu reflexo no espelho, ou, melhor ainda, num retrato lisonjeiro, cuidadosamente retocado. Não é verdade que uma parte de meu singular valor foi repassada para a pessoa que *eu* (lembrem-se: *eu*, a minha pessoa, exercendo a minha vontade e o meu arbítrio soberanos) escolhi – que recolhi na multidão de anônimos e comuns para ser minha, somente *minha*, companheira? No brilho ofuscante da pessoa escolhida, minha própria incandescência encontra seu reflexo resplandecente. Ele aumenta, confirma e endossa a minha glória, levando consigo, aonde quer que vá, notícias e provas dela.

Mas será que posso estar seguro? Eu estaria, caso não houvesse dúvidas agitando-se naquela escura masmorra do inesperado onde as tranquei na vã esperança de nunca mais ouvir falar nelas. Aflições, apreensões, receios de que a virtude possa ser imperfeita, a glória fantasiosa... de que a distância entre eu tal como sou e o verdadeiro eu que anseia por vir à tona, mas ainda não conseguiu, precisa ser negociada – e isso é uma exigência exorbitante.

Meu ser amado poderia ser um quadro no qual minha perfeição fosse retratada em toda a sua magnificência e esplendor – mas será que as nódoas e manchas também não apareceriam? Para limpá-las – ou escondê-las, caso sejam pegajosas demais para serem apagadas –, é necessário lavar e preparar a tela antes de se iniciar o trabalho de pintura. E depois observar cuidadosamente para garantir que traços das antigas imperfeições não venham a surgir de seu esconderijo debaixo de sucessivas camadas de tinta. Cada momento de sossego é prematuro – restaurar e pintar de novo, sem folgas...

Esse esforço incessante é *também* um trabalho de amor. O amor explode de energia criativa, que inúmeras vezes é liberada numa explosão ou fluxo contínuo de destruição.

Nesse processo, o ser amado transformou-se numa tela – em branco, de preferência. Suas cores naturais empalideceram, de modo a não se chocar com a figura do pintor, nem desfigurá-la. O pintor não precisa indagar da tela como esta se sente, lá embaixo, sob toda aquela tinta. As telas de lona ou de linho não apresentam relatórios voluntariamente – embora as telas humanas por vezes o façam.

Pode ser amor num lampejo, amor à primeira vista; mas o tempo, longo ou curto, deve transcorrer entre a pergunta e a resposta, a proposta e sua aceitação.

O tempo transcorrido nunca é tão curto a ponto de permitir que aquele que perguntou e aquele que respondeu permaneçam, no momento em que chega a resposta, os mesmos seres que eram quando o relógio foi posto para funcionar. Como diz Franz Rosenzweig, "a resposta é dada por uma pessoa inevitavelmente diferente daquela a quem foi feita a pergunta, e ela é dada a alguém que mudou desde que perguntou. É impossível saber a profundidade dessa mudança".[8] Fazer a pergunta, esperar a resposta, ser indagado, esforçar-se para responder – isso é que fez a diferença.

Ambos os parceiros sabiam que a mudança estava ocorrendo e lhe deram boas-vindas. Mergulharam de cabeça em águas inexploradas. A oportunidade de se abrirem à aventura do desconhecido e do imprevisível era a maior das seduções do amor. "O primeiro alívio da tensão no jogo encantado do amor geralmente vem quando os amantes se chamam um ao outro pelo primeiro nome. Esse ato se coloca como a solitária garantia de que os passados dos dois indivíduos serão incorporados aos seus presentes." E – permitam-me acrescentar – a presteza em incorporar futuros compartilhados aos presentes individuais parcialmente compartilhados, parcialmente separados. O futuro que se segue a essa incorporação diferirá, forçosamente, do presente, tal como este difere do passado. João será João *e* Maria, Maria será Maria *e* João.

Odo Marquard falou, não necessariamente com ironia, do parentesco etimológico entre *zwei* e *Zweifel* ("dois" e "dúvida") e insinuou que o elo entre essas palavras vai além da simples aliteração. Onde há dois não há certeza. E quando o outro é reconhecido como um "segundo" plenamente independente, *soberano* – e não uma simples extensão, eco, ferramenta ou empregado trabalhando para mim, *o primeiro* –, a incerteza é reconhecida e aceita. Ser duplo significa consentir em indeterminar o futuro.

Franz Kafka observou que somos duplamente distintos de Deus. Tendo comido da árvore do bem e do mal, nós *nos distinguimos Dele*, enquanto o fato de não termos comido da árvore da vida *O distingue de nós*. Ele (a eternidade, na qual se abraçam todos os seres e seus feitos, em que tudo que pode ser é, e tudo que pode acontecer acontece) está próximo de nós. Fadado a permanecer secreto – eternamente além de nossa compreensão. Mas sabemos disso, o que não nos permite ter sossego. Desde a fracassada tentativa de erigir a Torre de Babel, não podemos deixar de tentar e errar e fracassar e tentar novamente.

Tentar o quê? Rejeitar essa distinção, rejeitar a negação do direito aos frutos da árvore da vida. Prosseguir tentando e fracassar nas tentativas é humano, demasiadamente humano. Se a alteridade é, segundo Levinas, o derradeiro mistério, o absolutamente desconhecido e o totalmente impenetrável, isso não pode ser uma ofensa e um desafio – precisamente por ser divino: barrando o acesso, negando o ingresso, inatingível e eternamente além do nosso alcance. Mas (como Rozenberg insiste em nos lembrar) "o ilimitado não pode ser alcançado por meio da organização ... As coisas mais elevadas não podem ser planejadas. Imediatez é tudo para elas".

Imediatez para quê? "O discurso é amarrado ao tempo e por ele nutrido ... Não sabe de antemão onde vai terminar. Segue o exemplo de outros. De fato, vive em virtude da vida de outro ... Na conversa real, alguma coisa acontece." Rosenzweig explica quem é esse "outro", por cuja vida vive o discurso de modo a que alguma coisa possa acontecer na conversa: esse outro "é sempre um alguém bem definido" que não tem "apenas ouvidos, como 'todo o mundo', mas também uma boca".

É exatamente isso que faz o amor: destaca *um* outro de "todo mundo", e por meio desse ato remodela "um" outro transformando-o num "alguém bem *definido*", dotado de uma boca que se pode ouvir e com quem é possível conversar de modo a que alguma coisa seja capaz de acontecer.

E o que seria essa "alguma coisa"? Amar significa manter a resposta pendente ou evitar fazer a pergunta. Transformar *um* outro num alguém *definido* significa tornar indefinido o futuro. Significa concordar com a indefinibilidade do futuro. Concordar com uma vida vivida, da concepção ao desaparecimento, no único local reservado aos seres humanos: aquela vaga extensão entre a finitude de seus feitos e a infinidade de seus objetivos e consequências.

"As relações de bolso", explica Catherine Jarvie, comentando as opiniões de Gillian Walton, do Guia Matrimonial de Londres,[9] são assim chamadas porque você as guarda no bolso de modo a poder lançar mão delas quando for preciso.

Uma relação de bolso bem-sucedida, diz Jarvie, é doce e de curta duração. Podemos supor que seja doce *porque* tem curta duração, e que sua doçura se abrigue precisamente naquela reconfortante consciência de que você não precisa sair do seu caminho nem se desdobrar para mantê-la intacta por um tempo maior. De fato, você não precisa fazer nada para aproveitá-la. Uma "relação de bolso" é a encarnação da instantaneidade e da disponibilidade.

Não que o seu relacionamento vá adquirir essas assombrosas qualidades sem que algumas condições tenham sido previamente atendidas. Observe que é *você* quem deve atendê-las – outro ponto favorável a um relacionamento "de bolso", sem dúvida, já que é você e só você que está no controle, e nele permanece por toda a curta vida dessa relação.

Primeira condição: deve-se entrar no relacionamento plenamente consciente e totalmente sóbrio. Lembre-se: nada de "amor à primeira vista" aqui. Nada de *apaixonar-se*... Nada daquela súbita torrente de emoções que nos deixa sem fôlego e com o coração aos pulos. Nem as emoções que chamamos de "amor" nem aquelas que sobriamente descrevemos como "desejo". Não se deixe dominar nem arrebatar, e acima de tudo não deixe que lhe arranquem das mãos a calculadora. E não se permita tomar o motivo da relação em que você está para entrar por aquilo que ele não é nem deve ser. A conveniência é a única coisa que conta, e isso é algo para uma cabeça fria, não para um coração quente (muito menos superaquecido). Quanto menor a hipoteca, menos inseguro você vai se sentir quando for exposto às flutuações do mercado imobiliário futuro; quanto menos investir no relacionamento, menos inseguro vai se sentir quando for exposto às flutuações de suas emoções futuras.

Segunda condição: mantenha-o do jeito que é. Lembre-se de que não é preciso muito tempo para que a conveniência se converta no seu oposto. Assim, não deixe o relacionamento escapar à supervisão do chefe, não lhe permita desenvolver sua lógica própria e, especialmente, adquirir direitos de propriedade – não deixe que caia do bolso, que é seu lugar. Fique alerta. Não durma no ponto. Observe atentamente até mesmo as menores mudanças naquilo que Jarvie chama de "subcorrentes emocionais" (obviamente, as emoções tendem a se transformar em "subcorrentes" quando deixadas livres das amarras do cálculo). Se notar alguma coisa que você não negociou e para a qual não liga, saiba que "é hora de seguir adiante". É o tráfego que sustenta todo o prazer.

Mantenha o bolso livre e preparado. Logo vai precisar pôr alguma coisa nele e – cruze os dedos – você vai conseguir...

A seção "Espírito dos relacionamentos" do *Guardian Weekend* vale ser lida toda semana, mas é melhor ainda ler várias edições de uma vez.

A cada semana ela oferece conselhos sobre como proceder diante de um "problema" que, cedo ou tarde, a maioria dos homens e mulheres (principalmente leitores do *Guardian*) deve – mais propriamente espera – enfrentar. A cada semana um problema; mas depois de uma sequência de semanas o leitor dedicado e atento pode obter bem mais do que algumas habilidades específicas em matéria de política de vida, que podem ser úteis em situações específicas que surgem quando se lida com problemas específicos; habilidades que, uma vez adquiridas e combinadas, podem ajudar a *criar* os tipos de situações para cujo manejo foram concebidas, assim como a identificar e localizar os problemas para cujo enfrentamento foram planejadas. Um leitor regular e dedicado que seja abençoado com uma capacidade de memorização por um tempo maior do que uma semana pode desenhar e preencher um mapa de vida completo no qual os "problemas" tendam a aflorar, registrar um inventário total desses problemas e formar uma opinião sobre sua relativa frequência ou raridade. Num mundo em que a seriedade de algo é representada apenas por números, e portanto só pode ser apreendida dessa maneira (a qualidade de um sucesso musical pelo número de discos vendidos, de um evento ou *performance* públicos pelo número de espectadores de televisão, de uma figura pública pelo número de pessoas presentes ao seu enterro, de intelectuais na opinião do público pelo número de citações e referências), a elevada frequência com que alguns "problemas" retornam à coluna, semana após semana após semana, é a prova de sua relevância para uma vida de sucesso, e assim da importância das habilidades concebidas para enfrentá-los.

Desse modo, vendo-se os relacionamentos pelo prisma da coluna "Espírito dos relacionamentos", o que um leitor fiel pode aprender sobre a importância relativa das coisas e das técnicas para lidar com elas?

O leitor pode ter uma série de dicas úteis sobre os lugares onde podem ser encontrados, em quantidades maiores que o usual, parceiros para possíveis relacionamentos, assim como sobre as situações em que é mais provável que estes possam ser convencidos ou persuadidos a assumir esse papel. E ele ou ela deve saber que iniciar um relacionamento é um "problema" – ou seja, apresenta uma dificuldade que produz confusão e ocasiona tensões desagradáveis que, para serem enfrentadas e afastadas, tornam necessária certa dose de conhecimento e *know-how*. Isso pode ser aprendido – sem muito esforço, apenas seguindo-se regularmente, semana após semana, a versão de espírito do relacionamento do *Guardian Weekend*.

Essa não será, contudo, a principal versão passível de se capilarizar e enraizar na visão de vida e de política de vida do leitor regular. A arte de *romper* o relacionamento e dele emergir incólume – com poucas (se é que alguma) feridas infeccionadas que exijam muito tempo para cicatrizar e muito cuidado para se evitar os "danos colaterais" (tais como o afastamento de amigos, ou o surgimento de círculos nos quais não se é bem-vindo ou em que se preferiria não entrar) – bate de longe a arte de *constituir* relacionamentos, pela pura frequência com que se expressa.

Se Richard Baxter, o inflamado profeta puritano, fosse em vez disso o profeta da estratégia existencial adequada para a líquida vida moderna, ele provavelmente diria de tais relacionamentos o que disse sobre a aquisição de bens externos e o cuidado com eles – que "devem apenas cair sobre os ombros como um manto leve que pode ser posto de lado a qualquer momento", e que se deve ter o maior cuidado para que não se transformem, inadvertida e sub-repticiamente, em "caixas de aço"... Não se levam riquezas para o túmulo, advertia o santo-profeta Baxter seu rebanho, reforçando o senso comum daqueles que viviam suas vidas como servos do além-túmulo. Não se levam relações para o próximo capítulo, advertiria o especialista seus clientes, fazendo coro às premonições transformadas em certezas de pessoas, ensinadas pela experiência, que tiveram as vidas fatiadas em episódios e que vivem como servas dos episódios futuros. É provável que seu relacionamento se rompa bem antes do fim do capítulo. Mas se isso não acontecer dificilmente haverá outro. Com certeza, não um capítulo a ser saboreado e desfrutado.

O surpreendente sucesso de *EastEnders*[*] transmite uma mensagem aparentemente diferente...

O encantado/viciado público cresce, da mesma forma que a autoconfiança dos roteiristas, produtores e atores. Essa telenovela parece ter atingido um público-alvo que outras desprezaram ou perderam, e continuam perdendo. Qual o segredo?

A maioria dos relacionamentos em que os personagens de *EastEnders* se *envolvem* parece tão frágil quanto qualquer outro que os espectadores conhecem a partir de suas próprias frustrações ou dos relatos de advertência de outras pessoas (incluindo as mensagens que aparecem semanalmente na coluna "Espírito dos relacionamentos"). Dificilmente algum dos vínculos estabe-

---

[*] Seriado da BBC exibido com enorme sucesso desde 1985. Ambientado em Walford, região fictícia do "east end" de Londres, aborda o cotidiano de famílias operárias, vizinhas e por vezes aparentadas, que vivem em Albert Square. Os relacionamentos familiares e amorosos ocupam papel central em *EastEnders*; a personagem Little Mo, mencionada mais adiante, caracteriza-se por colocar os outros antes de si própria, e entre outros infortúnios enfrentou anos de violência doméstica por parte do marido e meses de prisão por supostamente ter tentado assassiná-lo. (N.T.)

lecidos pelos personagens de *EastEnders* consegue sobreviver ao fluxo regular dos episódios por mais que alguns meses – por vezes duram apenas umas poucas semanas – e, entre os relacionamentos fracassados, são poucos e bem espaçados os que terminam por "causas naturais". Para os espectadores dotados de melhor memória, Albert Square, ou simplesmente a Praça, deve ser vista como o túmulo dos relacionamentos humanos...

Envolver-se em relacionamentos como os de *EastEnders* não é absolutamente fácil. Exige esforço e habilidades consideráveis, que muitos personagens infelizes não possuem e que são características inatas de apenas uns poucos (embora algumas vezes também se faça necessária certa dose de sorte, distribuída esparsamente e ao acaso). Os problemas não terminam quando os casais passam a viver juntos. Os quartos compartilhados podem ser um local de alegria e diversão, mas raramente de segurança e sossego. Alguns deles são palcos de dramas cruéis, cheios de escaramuças verbais que resultam em brigas aos socos e (se o casal não se separa antes) amplas hostilidades com desfecho semelhante ao de um *Cães de aluguel*. Belas cerimônias de casamento não ajudam; festas só para homens ou só para mulheres não põem fim ao Desconhecido, repleto de riscos e propenso a acidentes, e os aniversários de núpcias não são novos inícios que estimulem os casais a fazer "algo totalmente diferente", apenas pequenos intervalos num drama sem cenários nem textos definidos.

A parceria é somente uma coalizão de "interesses confluentes" e, no mundo fluido de *EastEnders*, as pessoas vêm e vão, as oportunidades batem à porta e desaparecem novamente logo após serem convidados a entrar, as fortunas aumentam e diminuem, e as coligações tendem a ser flutuantes, frágeis e flexíveis. As pessoas procuram parceiros e buscam "envolver-se em relacionamentos" a fim de escapar à aflição da fragilidade, só para descobrir que ela se torna ainda mais aflitiva e dolorosa do que antes. O que se propunha/ansiava/esperava ser um abrigo (talvez *o* abrigo) contra a fragilidade revela-se sempre como a sua estufa...

Milhões de fãs e espectadores habituais de *EastEnders* assistem e balançam a cabeça em concordância. Sim, sabemos disso tudo, já vimos isso tudo, já vivemos isso tudo. O que aprendemos com a amarga experiência é que essa situação de ter sido abandonado à própria sorte, sem ter com quem contar quando necessário, quem nos console e nos dê a mão, é terrível e assustadora, mas nunca se está mais só e abandonado do que quando se luta para ter a certeza de que agora existe de fato alguém com quem se pode contar, amanhã e depois, para fazer tudo isso se – quando – a roda da fortuna começar a girar em outra direção. É impossível predizer os resultados de nossa luta – e a luta em si cobra o seu preço. Diariamente se exigem sacrifícios. É difícil que se passe um dia sem uma desavença ou troca de sopapos. Esperar até que a deusa escondida (como você deseja ardentemente acreditar e tão apaixonadamente acredita) bem lá dentro do parceiro consiga romper a couraça maligna e enfim se revele pode levar mais tempo do que você é capaz de aguentar. E enquanto você espera há muita dor para sentir, lágrimas para verter e sangue para derramar...

Os episódios de *EastEnders* são repetições, três vezes por semana, daquilo que é o nosso conhecimento do dia a dia. Reafirmações regulares e confiáveis para a pessoa insegura: sim, esta é sua vida, e a verdade sobre a vida de outros como você. Não entre em pânico, vá levando, e não se esqueça nem por um momento de que isso vai acontecer – pode estar certo. Ninguém está dizendo que seja fácil transformar as pessoas em parceiras do destino, mas não existe alternativa senão tentar, repetidamente.

Essa não é, porém, a única mensagem que *EastEnders* leva à sua casa três vezes por semana, e graças à qual o programa se tornou e permanece tão obrigatório para tantas pessoas. Há também uma outra. Caso você tenha esquecido, existe uma segunda linha de trincheiras naquele infinito campo de batalha existencial, um último fosso defensivo pronto para ser usado contra os extravagantes caprichos da sorte e as surpresas que aquele mundo de rosto impenetrável mantém guardadas na manga da camisa. As trincheiras já foram cavadas para você antes que você mesmo começasse a cavar a sua; estão esperando que você pule para dentro delas. Ninguém vai lhe fazer perguntas, questionar o que você fez para obter o direito de pedir socorro e ajuda. Não importa o que tenha feito, ninguém lhe recusará a entrada.

Há os Butcher, os Mitchell, os Slater, os Clan, a cujo grupo você pertence sem jamais ter se juntado a ele nem pedido para entrar. Você não precisa fazer absolutamente nada para se *tornar* "um deles" – embora não haja muito o que possa fazer para *deixar* de ser. Eles estarão prontos a fazê-lo lembrar, caso você esqueça essas simples verdades.

E assim você se encontra diante de um dilema. A menos que seja um daqueles canalhas e párias "naturais", excepcionalmente inescrupulosos, indisciplinados, aventureiros ou psicóticos, fadado a ter de se esconder, ser atropelado, expulso pelos vizinhos ou trancafiado na prisão – ou a usar outras saídas já testadas para sumir de Albert Square –, você vai preferir lançar mão das duas âncoras que a vida lhe deu para se atracar à companhia de outras pessoas. Vai querer juntar-se ao parceiro *de sua escolha* e ao clã que o destino *escolheu para você*.

Isso, porém, pode não ser fácil – tal como aproveitar ao mesmo tempo o calor da lareira e os prazeres de nadar no mar. Os labirintos que os personagens de Albert Square são obrigados a atravessar ampliam e retratam com nitidez os obstáculos que se acumulam em nosso caminho, o que é outra razão para observar suas proezas três vezes por semana. Você vê aquilo que vinha sentindo o tempo todo: que você é o único elo a unir o parceiro que você ama, e pelo qual deseja ser amado, ao clã familiar a que você pertence e deseja pertencer, o qual, por sua vez, deseja que você pertença a ele e lhe obedeça. E então você é, afinal, "o elo mais fraco" – onde a corda arrebenta no cabo de guerra entre as duas causas.

A guerra de atrito, sempre quente e por vezes em ebulição, cujas primeiras vítimas são os que sonham em reconciliar-se, chegou ao seu clímax dramático – de fato, atingiu os píncaros da tragédia de Antígona – no julgamento de Little Mo, versão atualizada da imortal peça de Sófocles e da história imortal por ela registrada...

Diz Antígona: "Oh, mas eu não teria feito a coisa proibida/ Por nenhum marido nem por nenhum filho/ Para quê? Eu poderia ter tido outro marido/ e por meio dele outros filhos, se perdesse algum;/ mas, perdidos o pai e a mãe, onde eu conseguiria/ outro irmão?" Perder um marido não é o fim do mundo. Maridos, mesmo na antiga Grécia (embora nem tanto quanto para os contemporâneos de Little Mo), são apenas temporários. Perdê-los é, sem dúvida, doloroso, mas *tem cura*. A perda dos pais, ao contrário, é *irrevogável*. Será essa deferência suficiente para que a família suprima o débito para com o marido? Talvez esse cálculo ponderado não bastasse, não fosse por uma outra razão: as exigências de um parceiro *escolhido*, um companheiro temporário de viagem pela vida e em princípio substituível, têm menos peso que as exigências provenientes das profundezas do passado insondável e inescrutável: "Aquela ordem não veio de Deus. A justiça que reside com os deuses lá embaixo não conhece tal lei./ Eu não pensei que seus mandados fossem suficientemente poderosos/ para sobrepujar as inalteráveis leis não escritas/ de Deus e do céu, sendo você apenas um homem. Elas não são de ontem nem de hoje, mas eternas,/ embora, de onde vieram, nenhum de nós possa dizer."

Aqui, diria você, Little Mo e Antígona se separam. De fato, é difícil ouvir um morador de Albert Square mencionar Deus (os poucos que o fazem logo desaparecem da novela, como que obviamente deslocados). Naquela área, tal como em tantas outras praças e ruas de nossas cidades, Deus está há muito tempo *absconditus*. Não usa celular, e assim ninguém pode afirmar com segurança que sabe exatamente como soariam as Suas instruções, caso se pudesse ouvi-las. Os direitos da família podem ser mais duradouros que o dever para com o parceiro escolhido, mas em Albert Square nem este nem aqueles parecem portadores da sanção divina. A triste situação de Little Mo não vem do temor a Deus. Assim sendo, de que maneira, se é que há alguma, o drama de Little Mo seria uma repetição da tragédia de Antígona?

Na versão de Sófocles, o Mensageiro entra no palco para resumir o significado do relato, mas também para antever, e responder, nossa pergunta. É uma questão que, diferentemente das palavras usadas a fim de torná-la compreensível para os espectadores, não envelheceu – e não envelhece: "O que é a vida do homem? Algo que não é orientado/ para o bem ou para o mal, nem moldado para louvar ou censurar. A oportunidade leva o homem às alturas, a oportunidade o arremessa para baixo/ e ninguém pode prever o que será a partir daquilo que é."

Assim é o futuro, assustadoramente desconhecido e impenetrável (ou seja, como insistia Levinas, o epítome, o modelo, a mais completa encarnação da "alteridade absoluta"), e não a dignidade de um passado que, embora venerável, se oculta por trás do dilema com que se confrontou Little Mo, assim como Antígona. "Ninguém pode prever o que será a partir daquilo que é" – mas ninguém pode suportar com leveza essa impossibilidade. No mar da incerteza, procura-se a salvação nas ilhotas da segurança. Será que aquilo que ostenta um passado mais longo tem maiores probabilidades de ingressar no futuro intacto e incólume do que algo, admitidamente feito e desfeito pelo homem, ostensivamente "de ontem ou de hoje"? Não se sabe, mas é tentador pensar que sim. De qualquer modo, há pouco a escolher nessa interminável, eternamente infinda e frustrante busca pela certeza...

Tendo ouvido o veredicto adverso do júri, será que é ao Pai que Little Mo dirige o seu arrependimento?

Na língua alemã, afinidade é o termo adjetivado, em oposição a parentesco.

"Afinidade" é parentesco *qualificado* – parentesco, *mas...* (*Wahlverwandschaft*, expressão que se costuma traduzir, errada e enganosamente, por "afinidade eletiva", um pleonasmo gritante, já que nenhuma afinidade pode ser não eletiva; somente o parentesco é, pura e simplesmente, quer se queira ou não, uma coisa *dada...*) A escolha é o fator qualificante: ela transforma o parentesco em afinidade. Mas também trai a ambição desta última: sua intenção é ser *como* o parentesco, tão incondicional, irrevogável e indissolúvel quanto ele (no final, a afinidade vai acabar se entretecendo com a linhagem e se tornar indistinguível do restante da rede de parentesco; a afinidade de uma geração se transforma no parentesco da geração seguinte). Mas nem mesmo os casamentos, ao contrário da insistência sacerdotal, são feitos no céu, e o que foi unido por seres humanos estes podem – e têm permissão para – desunir, e o farão se tiverem uma oportunidade.

Seria altamente desejável que o parentesco fosse precedido da escolha, mas que a consequência desta fosse exatamente aquilo que o parentesco já é: indiscutivelmente sólido, confiável, duradouro, indissolúvel. Essa é a ambivalência endêmica a toda *Wahlverwandschaft* – sua marca de nascença (praga e encantamento, bênção e maldição) indelével. O ato fundador da escolha é ao mesmo tempo o poder de sedução da afinidade *e* a sua perdição. A memória da escolha, seu pecado original, tende a lançar uma longa sombra e a obscurecer até mesmo o convívio mais glorioso, chamado "afinidade": a escolha, diferentemente da sina do parentesco, é uma via de mão dupla. Sempre se pode dar meia-volta, e a consciência de tal possibilidade torna ainda mais desanimadora a tarefa de manter a direção.

A afinidade nasce da escolha, e nunca se corta esse cordão umbilical. A menos que a escolha seja reafirmada diariamente e novas ações continuem a ser empreendidas para confirmá-la, a afinidade vai definhando, murchando e se deteriorando até se desintegrar. A intenção de manter a afinidade viva e saudável prevê uma luta diária e não promete sossego à vigilância. Para nós, os habitantes deste líquido mundo moderno que detesta tudo o que é sólido e durável, tudo que não se ajusta ao uso instantâneo nem permite que se ponha fim ao esforço, tal perspectiva pode ser mais do que aquilo que estamos dispostos a exigir numa barganha. Estabelecer um vínculo de afinidade proclama a intenção de tornar esse vínculo semelhante ao parentesco – mas também a presteza em pagar o preço pelo avatar na moeda corrente da labuta diária e enfadonha. Quando não há disposição (ou, dado o treinamento oferecido e recebido, solvência de ativos), fica-se inclinado a pensar duas vezes antes de agir para concretizar a intenção.

Assim, viver juntos ("e vamos esperar para ver como *isso* funciona e aonde vai nos levar") ganha o atrativo de que carecem os laços de afinidade. Suas intenções são modestas, não se prestam juramentos, e as declarações, quando feitas, são destituídas de solenidade, sem fios que prendam nem mãos atadas. Com muita frequência, não há congregação diante da qual se deva apresentar um testemunho nem um todo-poderoso para, lá do alto, consagrar a união. Você pede menos, aceita menos, e assim a hipoteca a resgatar fica menor e o prazo de resgate, menos desestimulante. O futuro parentesco, quer desejado ou temido, não lança a sua longa sombra sobre o "viver juntos". "Viver juntos" é *por causa de*, não *a fim de*. Todas as opções mantêm-se abertas, não se permite que sejam limitadas por atos passados.

As pontes são inúteis, a menos que cubram totalmente a distância entre as margens – mas no "viver juntos" a outra margem está envolta numa neblina que nunca se dissipa, que ninguém deseja dissolver nem tenta afastar. Não há como saber o que se vai ver quando (se) a névoa se dispersar – nem se de fato existe alguma coisa encoberta. A outra margem está mesmo lá, ou será ela apenas uma *fata morgana*, uma ilusão criada pela neblina, uma fantasia da imaginação que nos faz ver formas bizarras nas nuvens que passam?

Viver juntos pode significar dividir o barco, a ração e o leito da cabine. Pode significar navegar juntos e compartilhar as alegrias e agruras da viagem. Mas nada tem a ver com a passagem de uma margem à outra, e portanto seu propósito não é fazer o papel das sólidas pontes (ausentes). Pode-se manter um diário de aventuras passadas, mas nele há apenas uma ligeira referência ao itinerário e ao porto de destino. É possível que a neblina que cobre a outra margem – desconhecida, inexplorada – se suavize e desapareça, que venham a emergir os contornos de um porto, que se tome a decisão de atracar, mas nada disso é, nem deve ser, anotado nos registros de navegação.

A afinidade é uma ponte que conduz ao abrigo seguro do parentesco. Viver juntos não representa essa ponte nem o trabalho de construí-la. O convívio do "viver juntos" e a proximidade consanguínea são dois universos diferentes, com espaços-tempos distintos, cada qual um universo completo, com suas leis e lógicas próprias. Nenhuma passagem de um para outro foi previamente explorada – embora se possa, fortuitamente, defrontar-se ou chocar-se com um deles. Não há como saber, pelo menos com antecedência, se viver juntos acabará se revelando uma via de tráfego intenso ou um beco sem saída. A questão é atravessar os dias como se essa diferença não contasse, e portanto de uma forma que torne irrelevante o problema de "colocar os pingos nos Is".

O fato de a afinidade ortodoxa estar fora de moda e fora de forma não pode ser rebatido à custa do parentesco. Carecendo de pontes estáveis para suportar o tráfego crescente, as redes de parentesco se sentem frágeis e ameaçadas. Suas fronteiras se tornam embaçadas e contestadas, e as redes se dissolvem num terreno sem títulos de posse nem propriedade hereditária – uma terra de fronteira. Algumas vezes um campo de batalha, outras vezes o objeto de pendengas judiciais não menos amargas. As redes de parentesco não podem estar seguras de suas chances de sobrevivência, muito menos calcular suas expectativas de vida. Sua fragilidade as torna ainda mais preciosas. Elas agora são tênues, sutis, delicadas; provocam sentimentos de proteção; fazem com que se deseje abraçá-las, acariciá-las e mimá-las; anseiam por serem tratadas com um carinho amoroso. E não são mais arrogantes e pretensiosas como costumavam ser quando nossos ancestrais explodiram e se rebelaram contra a rigidez e a viscosidade do anelo familiar. Não se sentem mais seguras de si mesmas – ao contrário, estão dolorosamente conscientes de como um simples passo em falso pode ser fatal. Antolhos e protetores de ouvidos caíram em desuso: – as famílias olham e ouvem atentamente, cheias de disposição para corrigir suas rotas e prontas a pagar na mesma moeda o carinho e o amor.

Paradoxalmente – ou no fim nem tanto –, os poderes de atração e enlace da parentela ganham impulso à medida que o magnetismo e o poder de controle da afinidade diminuem...

De modo que aqui estamos, manobrando, vacilantes e desconfortáveis, entre dois mundos notoriamente distantes um do outro e com pendências entre si, mas ambos desejáveis e desejados – sem passagens claramente traçadas, para não falar de caminhos trilhados entre ambos.

Trinta anos atrás (em *O declínio do homem público*), Richard Sennett observou o advento de uma "ideologia da intimidade" que "transmuta categorias políticas em psicológicas".[10]

Um resultado particularmente portentoso dessa nova ideologia foi a substituição dos "interesses compartilhados" pela "identidade compartilhada". A fraternidade de base identitária estava para se tornar – prevenia Sennett – a "empatia por um grupo seleto de pessoas aliada à rejeição das que não estiverem dentro do círculo local". "Forasteiros, desconhecidos, diferentes tornam-se criaturas a serem afastadas."

Alguns anos mais tarde, Benedict Anderson cunhou o termo "comunidade imaginada" para dar conta do mistério da autoidentificação com uma ampla categoria de desconhecidos com quem se acredita compartilhar alguma coisa suficientemente importante para que se fale deles como um "nós" do qual eu, que falo, sou parte. O fato de Anderson ter percebido essa identificação com uma população dispersa de pessoas desconhecidas como um mistério a exigir explicação confirmava, ainda que de forma oblíqua, os palpites de Sennett – era, na verdade, um tributo a estes. À época em que Anderson desenvolveu seu modelo de "comunidade imaginada", a desintegração dos vínculos e liames impessoais (e com eles, como apontaria Sennett, da arte da "civilidade" – de "usar a máscara" que simultaneamente protege e permite que se aprecie a companhia) havia atingido um estágio avançado, e assim a fricção e os afagos de ombros, a contiguidade, a intimidade, a "sinceridade", o "entrar dentro do outro", sem guardar segredos, confessando de modo compulsivo e compulsório, estavam se tornando rapidamente as únicas defesas humanas contra a solidão e o único fio disponível para se tecer o ansiado convívio. Só era possível conceber totalidades mais amplas do que o círculo de confissões mútuas como um "nós" intumescido e esticado; como a mesmidade, mal referida como "identidade", em letras grandes. A única forma de incluir os "desconhecidos" em um "nós" era reuni-los como potenciais parceiros em rituais confessionais, tendentes a revelar um "interior" semelhante (e portanto familiar), quando pressionados a compartilhar suas íntimas sinceridades.

A comunhão de eus secretos baseada em revelações mutuamente estimuladas pode ser o núcleo do relacionamento amoroso. Pode fincar raízes, germinar, desenvolver-se dentro da ilha autossustentada, ou quase, das biografias compartilhadas. Mas, exatamente como a união moral de dois – que, quando ampliada para incluir um Terceiro, e então colocada cara a cara com a "esfera pública", descobre serem suas instituições e impulsos morais insuficientes para confrontar e administrar as questões da justiça impessoal geradas por essa esfera –, assim também a comunhão do amor é apanhada pelo mundo exterior despreparada para competir e ignorante das habilidades que isso exige.

Dentro de uma comunhão amorosa, é apenas natural ver a fricção e o desacordo como irritações temporárias que logo irão embora; mas também como o apelo a uma ação remediadora que estimulará sua partida. Uma perfeita mistura de eus parece nesse caso uma perspectiva realista, dada uma dose suficiente de paciência e dedicação – qualidades que o amor acredita poder suprir em profusão. Ainda que a mesmidade espiritual dos amantes continue um pouco distante, certamente não é um sonho infundado nem uma ilusão fantasiosa. Decerto pode ser alcançada – e com recursos que já se encontram à disposição dos amantes, em sua condição de amantes.

Mas tentar ampliar as legítimas expectativas amorosas de forma a domar, domesticar e desenvenenar a atordoante miscelânea de sons e visões que povoa o mundo além da ilha do amor… Nesse caso, os testados e confiáveis estratagemas do amor não serão de muita ajuda. Na ilha do amor, a concordância, a compreensão e a ansiada unicidade a dois jamais estarão além do alcance, mas isso não é válido para o infinito mundo exterior (a menos que transmutado, por um passe de mágica, no colóquio em busca do consenso de Jürgen Habermas). As ferramentas do convívio eu-Vós, ainda que perfeitamente dominadas e impecavelmente manejadas, se mostrarão vulneráveis à variação, à disparidade e à discórdia que separam e mantêm em pé de guerra as multidões daqueles que constituem um "Vós" potencial: dispostos a atirar em vez de conversar. Exige-se o domínio de técnicas muito diferentes quando a discordância é um desconforto transitório que logo será dissipado e quando a discórdia (assinalando a determinação de defender seus direitos) está aí para ficar por tempo indeterminado. A esperança de consenso atrai as pessoas e as estimula a se esforçarem mais. A descrença na unidade, alimentando a gritante inadequação dos instrumentos à mão e sendo por esta alimentada, impele as pessoas a se afastarem umas das outras e estimula que elas se esquivem.

A primeira consequência da crescente descrença na possibilidade de unidade é a divisão do mapa do *Lebenswelt*, o mundo da vida, em dois continentes amplamente destituídos de comunicação. Um deles é onde se busca a todo custo o consenso (embora na maioria das vezes, talvez o tempo todo, com as habilidades adquiridas e aprendidas no abrigo da intimidade) – mas onde sobretudo se presume que ele já esteja "ali", predeterminado pela identidade compartilhada, esperando para ser acordado e reafirmar-se. E o outro é onde a esperança de unidade espiritual, e assim também qualquer esforço para revelá-la ou construí-la a partir do zero, foi abandonada *a priori*, de modo que o único intercâmbio vislumbrado é o de mísseis, não palavras.

Atualmente, porém, essa dualidade de *posturas* (teorizada para uso privado como a divisão da *humanidade*) parece estar gradualmente recuando para o segundo plano da vida cotidiana – juntamente com as dimensões espaciais da proximidade e da distância humanas. Tal como nas vastas extensões da terra de fronteira global, também no nível popular, no domínio da política de vida, o palco para a ação é um recipiente cheio de amigos e inimigos potenciais, no qual se espera que coalizões flutuantes e inimizades à deriva se aglutinem por algum tempo, apenas para se dissolverem outra vez e abrirem espaço para outras e diferentes condensações. As "comunidades da *mesmidade*", predeterminadas, mas aguardando serem reveladas e preenchidas com matéria sólida, estão cedendo vez a "comunidades de *ocasião*", que se espera serem autoconstruídas em torno de eventos, ídolos, pânicos ou modas. Mais diversificadas como pontos focais, porém compartilhando a característica de uma curta, e decrescente, expectativa de vida. Elas não duram mais que as emoções que as mantêm no foco das atenções e estimulam a conjunção de interesses – fugaz, mas não por isso menos intensa – a se coligar e aderir "à causa".

Todo esse aproximar-se e afastar-se para longe torna possível seguir simultaneamente o impulso de liberdade e a ânsia por pertencimento – e proteger-se, se não recuperar-se totalmente, dos embustes de ambos os anseios.

Os dois estímulos se fundem e se misturam no trabalho extremamente absorvente e exaustivo de "tecer redes" e "surfar nelas". O ideal de "conectividade" luta para apreender a difícil e irritante dialética desses dois elementos inconciliáveis. Ele promete uma navegação segura (ou pelo menos não fatal) por entre os recifes da solidão e do compromisso, do flagelo da exclusão e dos férreos grilhões dos vínculos demasiadamente estreitos, de um desprendimento irreparável e de uma irrevogável vinculação.

Nós entramos nos *chats* e temos "camaradas" que conversam conosco. Os camaradas, como bem sabe todo viciado em *chat*, vêm e vão, entram e saem do circuito – mas sempre há na linha alguns deles se coçando para inundar o silêncio com "mensagens". No relacionamento "camarada/camarada", não são as mensagens em si, mas seu ir e vir, sua *circulação*, que constitui *a mensagem* – não importa o conteúdo. Nós pertencemos ao fluxo constante de palavras e sentenças inconclusas (abreviadas, truncadas para acelerar a circulação). Pertencemos à conversa, não àquilo sobre o que se conversa.

Não confundam a atual obsessão por confissões compulsivas com as confidências espalhafatosas sobre as quais Sennett nos advertia 30 anos atrás. O propósito de produzir sons e digitar mensagens não é mais submeter os recônditos da alma à inspeção e aprovação do parceiro. As palavras vocalizadas ou digitadas não mais se esforçam por relatar a viagem de descoberta espiritual. Como Chris Moss admiravelmente expôs (no *Guardian Weekend*),[11] por meio de "nossas conversas em *chats*, telefones celulares, serviços de textos 24 horas", "a introspecção é substituída por uma interação frenética e frívola que revela nossos segredos mais profundos juntamente com nossas listas de compras". Permitam-me comentar, no entanto, que essa "interação", embora frenética, pode não parecer tão frívola, uma vez que você perceba e tenha em mente que a questão – a única questão – é manter o *chat* funcionando. Os provedores de acesso à internet não são sacerdotes santificando a inviolabilidade das uniões. Estas não têm nada em que se apoiar senão nossos papos e textos; a união só se mantém na medida em que sintonizamos, conversamos, enviamos mensagens. Se você interromper a conversa, está fora. O silêncio equivale à exclusão. De fato, *il n'y a pas dehors du texte* – não há nada fora do texto –, embora não apenas no sentido pretendido por Derrida...

OM, a sofisticada revista encartada em um dos mais veneráveis, respeitados e amados jornais de domingo, dirigida e avidamente lida e discutida pelo *jet-set*, as elites de Bloomsbury ou Chelsea e todo o resto, ou quase, das classes tagarelas...

Peguemos ao acaso a edição de 16 de junho de 2002 – embora a data aqui não tenha muita importância, pois o conteúdo, com pequenas variações, é imune às convulsões, reviravoltas ou turbulências da grande história em construção, assim como a toda espécie de política, exceto a política de vida. As acelerações ou reduções de ritmo do tempo das grandes políticas também passam ao largo...

Cerca de metade da revista *OM*, semana após semana, é ocupada por uma seção intitulada "Vida". Explicam os editores: "Vida" é "o manual da vida moderna". A seção tem suas subseções: primeiro vem "Moda", que informa sobre os problemas e tribulações da "aplicação de cosméticos", com uma subseção, "Ela moda", que exorta as leitoras a "não medir esforços para encontrar o par de sapatos certo". É seguida pela subseção "Interiores", com um breve interlúdio sobre "Casas de bonecas". Depois vem a parte de "Jardins", que explica como "manter as aparências" e "impressionar os hóspedes", apesar da aborrecida verdade de que "o trabalho de um jardineiro nunca termina".

A subseção seguinte é "Comida", e depois "Restaurantes", que mostra onde procurar comida gostosa quando se sai para jantar, e então "Vinhos", indicando onde encontrar vinhos saborosos para consumir em casa. Tendo chegado a esse ponto, o leitor está bem preparado para examinar atentamente as três páginas da subseção "Viver" – dividida em "amor, sexo, família, amigos".

Na semana de 16 de junho de 2002, "Viver" é dedicada aos CSSs – "casais semisseparados", "revolucionários do relacionamento", que "romperam a sufocante bolha do casal" e "seguem seus próprios caminhos". Sua dança a dois é em tempo parcial. Odeiam a ideia de compartilhar o lar e as atividades domésticas, preferindo manter domicílios, contas bancárias e círculos de amizade separados, e estarem juntos quando estão a fim. Tal como o trabalho ao estilo antigo, hoje dividido numa sucessão de horários flexíveis, tarefas únicas ou projetos de curto prazo, e da mesma forma que a compra ou o aluguel de uma propriedade, que agora tende a ser substituída pela ocupação *time-share* e pelos pacotes de fim de semana, o casamento ao estilo antigo, "até que a morte nos separe", já desestabilizado pela coabitação "vamos ver como funciona", reconhecidamente temporária, é substituído pelo "ficar juntos", de horário parcial ou flexível.

Os especialistas, como os leitores poderiam esperar, se dividem. Suas opiniões variam das boas-vindas ao modelo CSS – visto como o tão almejado nirvana (tornar quadrado o círculo da doação genuína sem ter de pagar com a perda da independência) finalmente transformado em realidade – à condenação dos praticantes por sua covardia: a indisposição de enfrentar os testes e dificuldades decorrentes da criação e perpetuação de um relacionamento plenamente amadurecido. Prós e contras são dolorosamente expostos, solenemente ponderados e escrupulosamente avaliados, embora o efeito do estilo de vida dos CSSs sobre o seu ambiente humano não apareça em nenhuma dessas folhas de balanço (curiosamente, dada a sensibilidade ecológica de nossa época).

Depois que "Viver" apresentou seu argumento, o que é necessário para preencher as páginas de "Vida"? Há subseções intituladas "Saúde", "Bem-estar", "Nutrição" (atenção: separada de "Comida", "Restaurantes" e "Vinhos") e "Estilo" (totalmente feita de anúncios de mobiliário). A seção se completa com a parte do "Horóscopo" – na qual, dependendo da data de seu nascimento, alguns leitores são aconselhados a esquecer "o trabalho monótono – a mobilidade é essencial neste momento. Você deve circular, sacar o celular e fazer negócios", enquanto a outros se diz: "Este é exatamente o seu momento – novos inícios o tempo todo e nada de negócios muito antigos para oprimir sua alma sempre otimista."

· 2 ·

Dentro e fora da caixa de ferramentas da sociabilidade

Homo sexualis: abandonado e destituído

Como afirmou Lévi-Strauss, o encontro dos sexos é o terreno em que natureza e cultura se deparam um com o outro pela primeira vez. É, além disso, o ponto de partida, a origem de toda cultura. O sexo foi o primeiro ingrediente de que o *homo sapiens* foi naturalmente dotado sobre o qual foram talhadas distinções artificiais, convencionais e arbitrárias – a atividade básica de toda cultura (em particular, o ato fundador da cultura, a proibição do incesto: a divisão das fêmeas em categorias disponíveis e indisponíveis para a coabitação sexual).

É fácil perceber que esse papel do sexo não foi acidental. Das muitas tendências, inclinações e propensões "naturais" dos seres humanos, o desejo sexual foi e continua sendo a mais óbvia, indubitável e incontestavelmente *social*. Ele se estende na direção de outro ser humano, exige sua presença e se esforça para transformá-la em união. Ele anseia por convívio. Torna qualquer ser humano – ainda que realizado e, sob todos os outros aspectos, autossuficiente – incompleto e insatisfeito, a menos que esteja unido a um outro.

Do encontro dos sexos nasceu a cultura. Nesse encontro ela praticou pela primeira vez sua arte criativa da diferenciação. Desde então, nunca mais foi suspensa, muito menos abandonada, a íntima cooperação da cultura e da natureza em tudo que se refere ao sexo. A *ars erotica*, criação eminentemente cultural, guiou a partir de então o impulso sexual na direção de sua satisfação no convívio humano.

Salvo raras exceções, nossa cultura "não produziu uma *ars erotica*, mas sim uma *scientia sexualis*", afirma o eminente sexólogo alemão Volkmar Sigusch.[1]

É como se Antero, irmão de Eros e "gênio vingativo do amor rejeitado", tivesse tomado de seu irmão o domínio sobre o reino do sexo. "Hoje, a sexualidade não condensa mais o potencial de prazer e felicidade. Ela não é mais mistificada positivamente como êxtase e transgressão, mas negativamente, como fonte de opressão, desigualdade, violência, abuso e infecção mortal."

Antero era conhecido por ser altamente passional, excitável, lascivo e exaltado, mas, uma vez transformado em senhor indiscutível do reino, teve de proibir a paixão entre seus súditos e proclamar que o sexo devia ser um ato racional, calculado com sobriedade, realizado considerando todos os riscos e regras e, acima de tudo, totalmente desmistificado e desprovido de ilusão. "O olhar do cientista", afirma Sigusch, "sempre foi frio e distante: não devia haver segredos." Resultado? "Hoje todo mundo está por dentro, e ninguém tem a mínima ideia."

Não que esse frustrante efeito da postura fria e da visão distante tenha depreciado a autoridade de Antero e de sua agência, a *scientia sexualis*, nem tampouco reduzido as fileiras de seus devotados, agradecidos e esperançosos seguidores. A demanda por seus serviços (por serviços novos e aperfeiçoados, e no entanto apenas "mais do mesmo") tende a crescer, não a diminuir, já que eles sempre adiam o cumprimento de suas promessas. "A ciência sexual, não obstante, continua a existir, porque a miséria sexual se recusa a desaparecer."

A *scientia sexualis* prometia livrar os *homini sexuali* de sua miséria; ela continua prometendo exatamente a mesma coisa, e essa promessa continua motivando confiança e crença pela simples razão de que, uma vez cortados de todas as outras modalidades humanas e entregues a seus próprios meios, os *homini sexuali* se tornaram "objetos naturais" da investigação científica – sentem-se em casa apenas no laboratório e no consultório terapêutico, e visíveis para si mesmos e para os outros somente à luz dos projetores dos cientistas. Além disso, o *homo sexualis*, abandonado [*orphaned*] e destituído, não tem mais a quem recorrer em busca de conselho, socorro e ajuda.

Órfão de Eros. Eros com certeza não está morto. Mas, exilado de seu domínio hereditário – tal como Ahaspher, o Judeu Errante –, ele foi condenado a perambular pelas ruas numa infinável e eternamente vã procura de abrigo. Eros agora pode ser encontrado em toda parte, mas não permanecerá por muito tempo em lugar nenhum. Ele não tem endereço fixo: se você quiser encontrá-lo, escreva para a posta-restante e mantenha a esperança.

Destituído pelo futuro. E portanto pela expectativa e pelo compromisso que são as propriedades legítimas e monopolizadoras do futuro. Abandonado pelos espectros da paternidade e da maternidade, esses mensageiros da eternidade e do Grande Além que costumavam pairar sobre os encontros sexuais e incutir na união física algo daquela mística surreal e da mistura sublime de fé e apreensão, alegria e terror, que eram sua marca registrada.

Atualmente a medicina compete com o sexo pela responsabilidade da "reprodução".

Os médicos competem com os *homini sexuali* pelo papel de autores principais do drama. O resultado da disputa é uma conclusão inevitável: agradece-se pelo que a medicina pode fazer, mas também pelo que se espera que ela faça e pelo que dela desejam os estudantes e ex-alunos da escola de marketing da vida dos consumidores. A possibilidade fascinante que se encontra bem ali na esquina é a oportunidade (para citar Sigusch novamente) de "escolher um filho num catálogo de doadores atraentes quase da mesma forma como eles [os consumidores contemporâneos]

Dentro e fora da caixa de ferramentas da sociabilidade 59

estão acostumados a comprar pelo correio ou por meio de revistas de moda" – e adquirir a criança escolhida no momento preferido. Seria contrário à natureza de um consumidor experiente não ter o desejo de dobrar aquela esquina.

Houve uma época (de lares/oficinas, de agricultura familiar) em que os filhos eram *produtores*.

Nessa época, a divisão do trabalho e a distribuição dos papéis familiares se superpunham. O filho deveria juntar-se ao *oikos* familiar, somar-se à força de trabalho da oficina ou da fazenda – e assim, naquela época, quando a riqueza derivava ou era extraída do trabalho, a chegada de um filho trazia consigo a expectativa de melhoria do bem-estar da família. Os filhos podiam ser tratados com dureza, mantidos sob rédea curta, mas esse era um tratamento comum a todos os outros trabalhadores. Não se esperava que o trabalho trouxesse alegria ou causasse prazer ao empregado – a ideia de "satisfação no trabalho" ainda estava para ser inventada. Os filhos eram, na visão de todos, bons investimentos, e como tal eram saudados. Quanto mais, melhor. Além disso, dizia a voz da razão, era uma aposta: a expectativa de vida era curta e todos se perguntavam se o recém-nascido viveria o suficiente para que suas contribuições à renda familiar pudessem se fazer sentir. Para os autores da Bíblia, a promessa de Deus a Abraão – "Vossa semente haverá de multiplicar-se como as estrelas no céu e como a areia sobre as praias do oceano" – era, inequivocamente, uma bênção, embora muitos de nossos contemporâneos percebam nela antes uma ameaça, uma maldição ou ambas.

Houve uma época (das fortunas de família passadas de geração para geração, segundo a árvore genealógica, e da posição social hereditária) em que os filhos eram pontes entre a mortalidade e a imortalidade, entre uma vida individual abominavelmente curta e a infinita (esperava-se) duração da família. Morrer sem filhos significava nunca ter construído uma ponte como essa. A morte de um homem sem filhos (embora o mesmo não ocorresse, necessariamente, com a de uma mulher sem filhos, a menos que se tratasse de uma rainha ou algo semelhante) significava a morte da família – negligenciar o mais importante dos deveres, descumprir a mais imperativa das tarefas.

Com a nova fragilidade das estruturas familiares, com a expectativa de vida de muitas famílias sendo mais curta do que a de seus membros, com a participação em determinada linhagem familiar tornando-se rapidamente um dos elementos "indetermináveis" da líquida era moderna e com a adesão a uma das diversas redes de parentesco disponíveis transformando-se, para um crescente número de indivíduos, numa questão de escolha – e uma escolha, até segunda ordem, *revogável* –, um filho pode ser ainda "uma ponte" para algo mais duradouro. Mas a margem a que essa ponte conduz está coberta por uma neblina que ninguém espera que venha a se dissipar, e portanto é improvável que provoque muita emoção, menos ainda que alimente o desejo inspirador da ação. Se uma súbita rajada de vento viesse a afastar a neblina, ninguém sabe ao certo que tipo de margem iria se revelar, nem se da névoa emergiria uma terra suficientemente firme para sustentar um lar permanente. Pontes que levam a lugar nenhum, ou a nenhum lugar em particular: quem precisa delas? Para quê? Quem perderia seu tempo e seu bom dinheiro para planejá-las e construí-las?

Esta é uma época em que um filho é, acima de tudo, um objeto de consumo emocional.

Objetos de consumo servem a necessidades, desejos ou impulsos do consumidor. Assim também os filhos. Eles não são desejados pelas alegrias do prazer paternal ou maternal que se espera que proporcionem – alegrias de uma espécie que nenhum objeto de consumo, por mais engenhoso e sofisticado que seja, pode proporcionar. Para a tristeza dos comerciantes, o mercado de bens de consumo não é capaz de fornecer substitutos à altura, embora essa tristeza de alguma forma seja compensada pelo espaço cada vez maior que o mundo do comércio vem ganhando na produção e manutenção desses bens.

Quando se trata de objetos de consumo, a satisfação esperada tende a ser medida pelo custo – busca-se o "valor em dinheiro".

Os filhos estão entre as aquisições mais caras que o consumidor médio pode fazer ao longo de toda a sua vida. Em termos puramente monetários, eles custam mais do que um carro luxuoso do ano, uma volta ao mundo em um cruzeiro ou até mesmo uma mansão. Pior ainda, o custo total tende a crescer com o tempo, e seu volume não pode ser fixado de antemão nem estimado com algum grau de certeza. Num mundo que não oferece mais planos de carreira e empregos estáveis, assinar um contrato de hipoteca com prestações de valor desconhecido, a serem pagas por um tempo indefinido, significa, para pessoas que saem de um projeto para o outro e ganham a vida nessas mudanças, expor-se a um nível de risco atipicamente elevado e a uma fonte prolífica de ansiedade e medo. É provável que se pense duas vezes antes de assinar, e que, quanto mais se pense, mais se tornem óbvios os riscos envolvidos. E nenhuma dose de determinação e ponderação poderá remover a sombra de dúvida que tende a adulterar a alegria. Além disso, ter filhos é, em nossa época, uma questão de decisão, não um acidente – o que aumenta a ansiedade. Tê-los ou não é comprovadamente a decisão com maiores consequências e de maior alcance que existe, e portanto também a mais angustiante e estressante.

Ademais, nem todos os custos são monetários, e os que não o são jamais poderão ser medidos e calculados. Eles desafiam as capacidades e as propensões dos agentes racionais que somos preparados para ser, e que lutamos para ser. "Formar uma família" é como pular de cabeça em águas inexploradas e de profundidade insondável. Cancelar ou adiar outras sedutoras alegrias consumistas de uma atração ainda não experimentada, desconhecida e imprevisível – em si mesmo um sacrifício assustador que se choca fortemente com os hábitos do consumidor prudente – não é a única consequência provável.

Ter filhos significa avaliar o bem-estar de outro ser, mais fraco e dependente, em relação ao nosso próprio conforto. A autonomia de nossas preferências tende a ser comprometida, e continuamente: ano após ano, dia após dia. A pessoa pode tornar-se – horror dos horrores – "dependente". Ter filhos pode significar a necessidade de diminuir as ambições pessoais, "sacrificar uma carreira", como pessoas submetidas à avaliação de seu desempenho profissional olham de soslaio em busca de algum sinal de lealdade dividida. Mais dolorosamente, ter filhos significa aceitar essa dependência divisora da lealdade por um tempo indefinido, aceitando o compromisso amplo e irrevogável, sem uma cláusula adicional "até segunda ordem" – o tipo de obrigação que se choca com a essência da política de vida do líquido mundo moderno e que a maioria das pessoas evita, quase sempre com fervor, em outras manifestações de sua existência. Tomar consciência de tal compromisso pode ser uma experiência traumática. A depressão e as crises conjugais pós-parto parecem enfermidades específicas de nossa "modernidade líquida", da mesma forma que a anorexia, a bulimia e incontáveis variedades de alergia.

A alegrias da paternidade e da maternidade vêm, por assim dizer, num pacote que inclui as dores do autossacrifício e os temores de perigos inexplorados.

Um cálculo sóbrio e fidedigno de perdas e ganhos está obstinada e irritantemente além do alcance e da compreensão dos pais em potencial.

Qualquer aquisição feita por um consumidor envolve riscos – mas os vendedores de outros bens de consumo, em particular daqueles inapropriadamente chamados de bens "duráveis", fazem de tudo para assegurar aos possíveis clientes que os riscos assumidos foram reduzidos ao mínimo. Oferecem amplas garantias (ainda que só alguns deles possam afirmar de boa-fé que a empresa sobreviverá ao prazo de duração da garantia, e praticamente nenhum possa assegurar que os atrativos da mercadoria adquirida, capazes de mantê-la distante da lata de lixo, não se desvanecerão bem antes disso), promessas de devolução do dinheiro e de assistência longa ou perpétua. Dignas ou não de crédito, nenhuma dessas garantias é oferecida no caso do parto.

Não surpreende que os institutos de pesquisas médicas e as clínicas de atendimento pré-natal estejam nadando em dinheiro proveniente de empresas comerciais. Há uma demanda potencialmente infinita pela redução dos riscos endêmicos do parto, pelo

Dentro e fora da caixa de ferramentas da sociabilidade 63

menos ao nível declarado nos rótulos das mercadorias à venda nas prateleiras das lojas. Companhias que ofereçam a chance de "escolher um filho num catálogo de doadores atraentes" e clínicas de boa reputação que componham por encomenda o espectro genético de uma criança em gestação não precisam se preocupar com a falta de clientes ou a redução do volume de negócios lucrativos.

Resumindo: a separação entre sexo e reprodução, amplamente observada, tem a anuência do poder. É o produto conjunto do líquido ambiente da vida moderna e do consumismo como estratégia escolhida, e a única disponível, de "procurar soluções biográficas para problemas socialmente produzidos" (Ulrich Beck). É a mistura de ambos os fatores que leva ao deslocamento das questões da reprodução e do parto para longe do sexo e na direção de uma esfera totalmente diferente, operada por uma lógica e um conjunto de regras inteiramente diversos dos que regem a atividade sexual. A destituição do *homo sexualis* é sobredeterminada.

Como que antecipando o padrão que iria prevalecer em nossa época, Erich Fromm tentou explicar a atração do "sexo em si" (do sexo "pelo sexo", praticado separadamente de suas funções ortodoxas), referindo-se à sua qualidade como uma (enganosa) resposta ao desejo, demasiadamente humano, de "fusão total" por meio de uma "ilusão de união".[2]

União – porque é exatamente o que homens e mulheres procuram ardentemente em seu desespero para escapar da solidão que já sofrem ou temem estar por vir. Ilusão – porque a união alcançada no breve instante do clímax orgástico "deixa os estranhos tão distantes um do outro como estavam antes", de modo que "eles sentem seu estranhamento de maneira ainda mais acentuada". Nesse papel, o orgasmo sexual "assume uma função que o torna não muito diferente do alcoolismo e do vício em drogas". Tal como estes, ele é intenso – mas "transitório e periódico".[3]

A união é ilusória e, no final, a experiência tende a ser frustrante, diz Fromm, por ser separada do amor (ou seja, permitam-me explicar, do tipo de relacionamento *Fürsein*; de um compromisso intencionalmente duradouro e indefinido com o bemestar do parceiro). Na visão de Fromm, o sexo só pode ser um instrumento de fusão *genuína* – em vez de uma efêmera, dúbia e, em última instância, autodestrutiva *impressão* de fusão – graças a sua conjunção com o amor. Qualquer que seja a capacidade geradora de fusão que o sexo possa ter, ela vem de sua "camaradagem" com o amor.

Desde que Fromm escreveu sobre a questão, o isolamento do sexo em relação a outros domínios da vida tem avançado mais do que nunca.

Hoje o sexo é a própria síntese, talvez o silencioso/secreto arquétipo, daquele "relacionamento puro" (um paradoxo, com certeza: os relacionamentos humanos tendem a preencher, infestar e modificar todos os recessos e frestas, por mais remotos, do *Lebenswelt*, de modo que podem ser tudo menos "puros") que, como indica Anthony Giddens, se tornou o modelo-alvo/ideal predominante da parceria humana. Agora espera-se que o sexo seja autossustentável e autossuficiente, que "se mantenha sobre os próprios pés", para ser julgado unicamente pela satisfação que possa trazer por si mesmo (ainda que, em regra, ela seja interrompida bem antes da expectativa gerada pela mídia). Não admira que também tenha crescido enormemente sua capacidade de gerar frustração e de exacerbar a própria sensação de estrangulamento que se esperava que curasse. A vitória do sexo na grande guerra de independência tem sido, na melhor das circunstâncias, uma vitória de Pirro. Os remédios maravilhosos parecem produzir moléstias e sofrimentos não menos numerosos e comprovadamente mais agudos do que aqueles que prometiam curar.

Abandonar e destituir foram celebrados, por um breve período, como a derradeira libertação do sexo da prisão em que era mantido por uma sociedade patriarcal, puritana, desmanchaprazeres, hipócrita e ainda por cima desafortunadamente vitoriana.

Aqui estava, afinal, um relacionamento mais puro que a pureza, um encontro que não servia a outro propósito senão o prazer e a alegria. Uma felicidade de sonho, sem restrições, sem medo de efeitos colaterais e portanto alegremente cega às suas consequências. Uma felicidade do tipo "satisfação garantida ou seu dinheiro de volta". A mais completa encarnação da liberdade, tal como definida pela sabedoria e pela prática populares da sociedade de consumo.

É correto, talvez até estimulante e ao mesmo tempo maravilhoso, que o sexo seja assim liberado. O problema é como mantê-lo no lugar quando o lastro foi lançado ao mar; como mantê-lo na fôrma se não se dispõe mais das estruturas. Voar suavemente traz contentamento, voar sem direção provoca estresse. A mudança é jubilosa; a volatilidade, incômoda. A insustentável leveza do sexo?

Volkmar Sigusch é terapeuta. Diariamente, trava conhecimento com vítimas do "sexo puro". Ele registra as queixas de seus pacientes – e a lista de lamúrias a exigir a intervenção de um especialista cresce indefinidamente. O sumário de suas descobertas é tão sombrio quanto ponderado.

> Todas as formas de relacionamento íntimo atualmente em voga portam a mesma máscara de falsa felicidade que foi usada pelo amor conjugal e mais tarde pelo amor livre … Ao olharmos mais de perto e afastarmos a máscara, descobrimos anseios não realizados, nervos em frangalhos, amores frustrados, sofrimentos, medos, solidão, hipocrisia, egoísmo e compulsão à repetição … As *performances* substituíram o êxtase, o físico está por dentro, a metafísica, por fora … A abstinência, a monogamia e a promiscuidade estão todas igualmente distantes da livre vida da sensualidade que nenhum de nós conhece.[4]

Considerações técnicas igualam infortúnio a emoções. A concentração na *performance* não deixa tempo nem espaço para o êxtase. O físico não é o caminho que leva à metafísica. O poder de sedução do sexo costumava fluir da emoção, do êxtase e da metafísica – como ocorreria agora, mas o mistério se foi e desse modo os anseios não podem continuar irrealizados...

Quando o sexo se apresenta como um evento fisiológico do corpo e a palavra "sensualidade" pouco evoca senão uma prazerosa sensação física, ele não está liberado de fardos supérfluos, avulsos, inúteis, incômodos e restritivos. Está, ao contrário, *sobrecarregado*, inundado de expectativas que superam sua capacidade de realização.

As íntimas conexões do sexo com o amor, a segurança, a permanência e a imortalidade via continuação da família não eram, afinal de contas, tão inúteis e constrangedoras como se imaginava, se sentia e se acusava que fossem. Os antigos companheiros do sexo, supostamente antiquados, talvez fossem seus sustentáculos necessários (não pela perfeição técnica da *performance*, mas por sua recompensa potencial). Talvez as contradições de que a sensualidade está endemicamente tomada não tenham maiores possibilidades de serem resolvidas (mitigadas, esvaziadas, neutralizadas) na ausência de "restrições" do que na presença destas. Talvez essas restrições sejam proezas da engenhosidade cultural em vez de símbolos de equívocos ou fracassos nesse terreno.

A líquida racionalidade moderna recomenda mantos leves e condena as caixas de aço.

Nos compromissos duradouros, a líquida razão moderna enxerga a opressão; no engajamento permanente percebe a dependência incapacitante. Essa razão nega direitos aos vínculos e liames, espaciais ou temporais. Eles não têm necessidade ou uso que possam ser justificados pela líquida racionalidade moderna dos consumidores. Vínculos e liames tornam "impuras" as relações humanas – como o fariam com qualquer ato de consumo que presuma a satisfação instantânea e, de modo semelhante, a instantânea obsolescência do objeto consumido. Os advogados de defesa das "relações impuras" teriam de se esforçar para tentar convencer os jurados e obter sua aprovação.

Sigusch acredita que cedo ou tarde "os impulsos e desejos que escapam aos grilhões da racionalidade" retornarão – e trarão vingança. E quando o fizerem não seremos capazes de responder "sem recorrer ao uso de conceitos sobre instintos naturais e valores eternos corrompidos até a raiz, histórica e politicamente".

Se isso vier a ocorrer, como Sigusch prenuncia ou prevê, vai exigir mais do que apenas uma nova visão do sexo e das expectativas que podem ser legitimamente investidas nos atos sexuais. Exigirá nada menos que libertar o sexo da soberania da racionalidade do consumidor. Talvez exija ainda mais: que essa racionalidade seja destituída de sua atual soberania sobre os motivos e estratégias da política de vida humana – que essa soberania lhe seja cassada. Isso significaria, contudo, exigir mais do que seria razoável esperar num futuro previsível.

"Os impulsos e desejos que escapam aos grilhões da racionalidade" (da líquida racionalidade moderna do consumidor, para ser exato) eram ligados ao sexo de modo inseparável e inextricável porque este, tal como outras atividades humanas, estava entrelaçado ao modelo de vida do produtor.

Dentro desse modelo, nem o amor "até que a morte nos separe", nem construir pontes para a eternidade, nem consentir em "entregar reféns ao destino" e em estabelecer compromissos sem volta eram coisas redundantes – muito menos percebidas como limitadoras ou opressivas. Pelo contrário, costumavam ser os "instintos naturais" do *homo faber*, tal como agora vão de encontro aos instintos igualmente "naturais" do *homo consumens*. Tampouco eram, de qualquer ponto de vista, "irracionais": eram os equipamentos e manifestações necessários e obrigatórios da racionalidade do *homo faber*. O amor e a disposição de procriar eram companheiros indispensáveis do sexo do *homo faber*, da mesma forma que as uniões duradouras que ajudavam a criar eram "produtos principais" – não "efeitos colaterais", muito menos rejeitos ou refugos, dos atos sexuais.

Para cada ganho há uma perda. Para cada realização, um preço.

Não importam o horror e a repulsa com que recordamos ou evocamos os preços pagos e as perdas sofridas no passado – as perdas suportadas hoje e os preços a serem pagos amanhã são os que mais incomodam e magoam. Não há sentido em comparar os sofrimentos do passado e do presente, tentando descobrir qual deles é menos suportável. Cada angústia fere e atormenta no seu próprio tempo.

As agonias atuais do *homo sexualis* são as mesmas do *homo consumens*. Elas nasceram juntas. Se um dia se forem, marcharão ombro a ombro.

A capacidade sexual era a ferramenta usada pelo *homo faber* para erigir e manter as relações humanas.

Quando disposta no canteiro de obras dos laços humanos, a necessidade/desejo sexual encorajava o *homo sexualis* a permanecer no trabalho e a enxergar através dele, uma vez iniciado. Os construtores desejavam que o resultado de seus esforços, como se espera de todas as edificações, fossem solidamente estruturados, duráveis e seguros (de preferência para sempre).

Com demasiada frequência os construtores tinham muita confiança em seu poder de planejamento para se preocupar com os sentimentos do(s) futuro(s) morador(es). O respeito é, afinal, apenas um dos lados da faca de dois gumes da atenção, cuja outra ponta é a opressão. A indiferença e o desprezo são dois recifes com os quais muitas intenções éticas honestas têm se chocado, e os eus morais precisam de muita vigilância e habilidade de navegação para passar incólumes por eles. Isso dito, parece, não obstante, que a moral – aquele *Fürsein* ditado pela responsabilidade por um Outro e posto em operação assim que assumido –, com todas as suas paisagens deslumbrantes e seus desvios e emboscadas traiçoeiros, foi feita sob medida para o *homo faber*.

Libertado das tarefas de construção e ressentido dos esforços exigidos por elas, o *homo consumens* pode empregar seus poderes sexuais de formas novas e imaginativas. O *Fürsein*, porém, não é uma delas.

O que caracteriza o consumismo não é *acumular* bens (quem o faz deve também estar preparado para suportar malas pesadas

e casas atulhadas), mas *usá-los* e *descartá-los* em seguida a fim de abrir espaço para outros bens e usos.

A vida consumista favorece a leveza e a velocidade. E também a novidade e a variedade que elas promovem e facilitam. É a rotatividade, não o volume de compras, que mede o sucesso na vida do *homo consumens*.

Em geral, a capacidade de utilização de um bem sobrevive à sua utilidade para o consumidor. Mas, usada repetidamente, a mercadoria adquirida impede a busca por variedade, e a cada uso a aparência de novidade vai se desvanecendo e se apagando. Pobres daqueles que, em razão da escassez de recursos, são condenados a continuar usando bens que não mais contêm a promessa de sensações novas e inéditas. Pobres daqueles que, pela mesma razão, permanecem presos a um único bem em vez de flanar entre um sortimento amplo e aparentemente inesgotável. Tais pessoas são os excluídos na sociedade de consumo, os consumidores falhos, os inadequados e os incompetentes, os fracassados – famintos definhando em meio à opulência do banquete consumista.

Aqueles que não precisam se agarrar aos bens por muito tempo, e decerto não por tempo suficiente para permitir que o tédio se instale, são os bem-sucedidos. Na sociedade dos consumidores, o prestidigitador é a figura de sucesso. Não fosse isto um anátema para os fornecedores de bens de consumo, os consumidores fiéis ao seu caráter e destino desenvolveriam o hábito de alugar coisas em vez de comprá-las. Diferentemente dos vendedores de mercadorias, as empresas de locação prometem, de modo tentador, substituir com regularidade os bens alugados por modelos de último tipo. Os vendedores, para não ficarem para trás, prometem devolver o dinheiro se o cliente não estiver plenamente satisfeito e se (na esperança de que a satisfação não se evapore tão rápido) os bens adquiridos forem devolvidos dentro de, digamos, dez dias.

A "purificação" do sexo permite que a prática sexual seja adaptada a esses avançados padrões de compra/locação. O "sexo puro" é construído tendo-se em vista uma espécie de garantia de reembolso – e os parceiros do "encontro puramente sexual" podem se sentir seguros, conscientes de que a inexistência de "restrições" compensa a perturbadora fragilidade de seu engajamento.

Graças a um inteligente estratagema publicitário, o significado vernáculo de "sexo seguro" foi recentemente reduzido ao uso de preservativos. O slogan não seria o sucesso comercial que é se não atingisse um ponto sensível de milhões de pessoas que desejam que suas explorações sexuais sejam garantidas contra consequências indesejáveis (já que incontroláveis). Afinal, é estratégia geral nas promoções apresentar o produto em oferta como a solução procurada para problemas que ou já vinham assombrando seus prováveis clientes ou acabaram de ser inventados para se adequarem ao potencial do produto.

Com muita frequência, a peça publicitária substitui o todo pela parte. As vendas crescem graças a suprimentos de angústia que excedem em muito a capacidade de cura do produto. Com efeito, usar preservativo protege os parceiros sexuais de serem infectados pelo HIV. Mas essa infecção não é senão uma das muitas consequências imprevistas e certamente não negociadas dos encontros sexuais que tornam o *homo sexualis* desejoso de que o sexo seja "seguro". Tendo escapado de um porto exíguo, embora controlado para navegar por águas inexploradas, sem mapa nem bússola, o sexo começou a ser visto como decididamente "inseguro" bem antes que a descoberta da aids fornecesse o rótulo e o ponto focal para temores difusos e inominados.

O maior deles provinha da ambiguidade do encontro sexual: seria esse o passo inicial na direção de um relacionamento ou sua coroação e seu término? Um estágio numa sequência significativa ou um episódio singular, um meio para um fim ou um ato independente? Nenhuma união de corpos pode, por mais que se tente, escapar à moldura social e cortar todas as conexões com outras facetas da existência social. Privado de seu antigo prestígio social e de significados que antes eram socialmente aprovados, o sexo encapsulava a incerteza aflitiva e alarmante que se tornou a principal ruína da líquida vida moderna.

Qualificar os parceiros sexuais tornou-se o primeiro foco de ansiedade. Que tipo de compromissos, se é que algum, a união

Dentro e fora da caixa de ferramentas da sociabilidade

de corpos impõe? De que forma eles afetam o futuro dos parceiros, se é que afetam? O encontro sexual pode ser isolado dos demais propósitos da vida, ou será que ele vai (tender a, ganhar espaço para) esparramar-se pelo resto da existência, saturando-a e transformando-a?

Em si mesma, a união sexual é de curta duração – na vida dos parceiros, é um *episódio*. Como aponta Milan Kundera, um episódio "não é a consequência inevitável de uma ação precedente, nem a causa do que virá em seguida".[5] A imaculada conceição *cum* esterilidade, a ausência essencial da possibilidade de contágio, é uma das belezas do episódio – e assim, podemos dizer, também é a beleza de um encontro sexual, contanto que este continue sendo um episódio. O problema, porém, é que "ninguém pode garantir que um evento totalmente episódico não contenha em si uma força capaz de algum dia transformar-se, inesperadamente, na causa de eventos futuros". Para resumir uma longa história: "nenhum episódio está condenado *a priori* a permanecer eternamente como um episódio". Nenhum episódio está a salvo de suas consequências. A insegurança decorrente é eterna. A incerteza nunca se dissipará de modo total e irrevogável. Pode apenas ser suspensa por um tempo indeterminado – mas o próprio recipiente da suspensão é assaltado por dúvidas e assim se torna outra fonte de cansativa insegurança.

O casamento é, pode-se dizer, a aceitação da causalidade que os encontros casuais se recusam a aceitar (ou pelo menos uma declaração da intenção de aceitá-la – enquanto a união durar). Nesse caso, a ambiguidade se resolve e a incerteza é substituída pela garantia de que os atos realmente têm uma importância que ultrapassa o seu próprio espaço temporal e acarretam consequências que podem durar mais do que as suas causas. A incerteza é exilada da vida dos parceiros e seu retorno é impedido enquanto o término do casamento não esteja em vista.

Mas será possível banir a incerteza sem concordar com essa condição – um preço que muitos parceiros considerariam alto demais? Impossível, se nunca se pode estar certo de que, como indica Kundera, o episódio não foi nada mais que um episódio. Mas ainda se pode tentar, e de fato se tenta, e por mais adversas que sejam as probabilidades dificilmente desistimos de tentar mudá-las em nosso favor.

Reconhecidamente, os parisienses tentam mais que a maioria, e de modo mais engenhoso. Em Paris, o *échangisme** (um nome novo e, dada a recente igualdade entre os sexos, mais politicamente correto para um conceito um pouco mais antigo, recendendo a patriarcalismo, a troca de esposas) supostamente se tornou a moda, o jogo mais popular e o principal assunto do momento.

Les échangistes estão matando dois coelhos com uma só cajadada. Em primeiro lugar, eles afrouxam um pouco os grilhões do compromisso matrimonial, concordando em tornar menos obrigatórias as suas consequências e, portanto, um pouco menos angustiante a incerteza gerada pela obscuridade endêmica das expectativas. Em segundo lugar, conseguem cúmplices leais em seu esforço para rechaçar as consequências incertas, e portanto irritantes, do encontro sexual – já que todas as partes interessadas, tendo participado do evento e portanto desejosas de evitar que escape à moldura do episódio, seguramente estarão juntas nesse rechaço.

Como estratégia para enfrentar o espectro da incerteza, do qual, como se sabe, os episódios sexuais estão repletos, o *échangisme* tem uma vantagem sobre o sexo casual e outros encontros igualmente arriscados e de curta duração. A proteção contra consequências indesejáveis é, nesse caso, dever e preocupação de outra pessoa e, na pior das circunstâncias, não constitui um esforço solitário, mas uma tarefa compartilhada com aliados poderosos e dedicados. A vantagem do *échangisme* sobre o simples adultério é particularmente gritante. Nenhum dos *échangistes* é traído, nenhum deles tem os interesses ameaçados e, tal como no modelo ideal de Habermas da "comunicação não distorcida", todos são participantes. O *ménage à quatre*

---

* No Brasil conhecido como suingue ou troca de casais. (N.T.)

(ou *six, huit...* quanto mais melhor) está livre de todas as pragas e deficiências que se sabe serem a maldição do *ménage à trois*.

Como se poderia esperar quando o propósito e alvo da iniciativa é afastar o fantasma da insegurança, o *échangisme* procura entrincheirar-se em instituições contratuais e obter o apoio da lei. A pessoa torna-se *échangiste* ingressando num clube, assinando um formulário, prometendo obediência às regras (e esperando que todos os outros à sua volta tenham feito o mesmo) e recebendo um cartão de sócio para garantir o ingresso e assegurar que quem está lá dentro seja simultaneamente um parceiro e um jogo. Já que todos os que lá se encontram conhecem os objetivos e regras do clube e prometeram observá-los, toda discussão ou uso da força, todos os perigos da sedução e de outras preliminares incômodas e precárias, infestadas de resultados incertos, se tornaram redundantes.

Ou assim parece, por algum tempo. As convenções do *échangisme* podem, como já prometeram os cartões de crédito, evitar a espera para se satisfazer os desejos. Da mesma forma que a maioria das inovações tecnológicas recentes, elas encurtam a distância entre o impulso e sua satisfação e fazem com que a passagem de um a outro seja mais rápida e menos trabalhosa. E podem também evitar que um parceiro exija mais benefícios do que o encontro episódico permite.

Mas será que elas defendem o *homo sexualis* de si mesmo? Será que os anseios irrealizados, as frustrações amorosas, os temores de ficar só e de se ferir, a hipocrisia e a culpa são deixados para trás depois de uma visita ao clube? Será possível encontrar lá a intimidade, a alegria, a ternura, a afeição e o amor? Bem, o visitante pode dizer de boa-fé: isto é sexo, seu estúpido – não tem nada a ver com nada disso. Mas se ele ou ela estiver certo(a), será que o sexo em si é importante? Ou que, seguindo Sigusch, se a substância da atividade sexual é a obtenção do prazer instantâneo, "então o mais importante não é o que se faz, mas simplesmente *que* aconteça".

Comentando *Bodies that matter: On the discursive limits of sex*, obra altamente influente de Judith Butler,[6] Sigusch assinala que, "de acordo com as teóricas que agora dão o tom no discurso de gênero, tanto sexo quanto gênero são inteiramente determinados pela cultura, desprovidos de qualquer caráter natural e, portanto, alteráveis, transitórios e passíveis de subversão".

É como se a oposição natureza-cultura não fosse o melhor arcabouço no qual se pudessem inscrever os dilemas do atual embaraço a respeito de sexo/gênero. O que está em disputa é o grau em que vários tipos de inclinações/preferências/identidades são flexíveis, alteráveis e dependentes da escolha do sujeito. Mas as oposições entre cultura e natureza, e entre "é uma questão de escolha" e "os seres humanos são incapazes de evitar e nada podem fazer a respeito", não mais se superpõem como durante grande parte da história moderna e até recentemente. No discurso popular, a cultura se apresenta cada vez mais como a parte herdada da identidade que não se pode nem deve remendar (senão por obra e risco de quem remenda), enquanto os traços e atributos tradicionalmente classificados como "naturais" (hereditários, geneticamente transmitidos) são cada vez mais considerados sujeitos à manipulação humana e portanto abertos à escolha – uma escolha em relação à qual, como sempre, quem escolhe deve sentir-se responsável e assim ser visto pelos outros.

Desse modo, não importa muito se as predileções sexuais (articuladas como "identidade sexual") são "dons da natureza" ou "construtos culturais". O que realmente importa é se cabe ao *homo sexualis* determinar (descobrir ou inventar) qual (ou quais) das múltiplas identidades sexuais melhor se ajusta a ele ou ela, ou se, tal como o *homo sapiens* no caso da "comunidade de nascimento", ele ou ela está destinado(a) a abraçar esse destino e viver sua vida de uma forma que transforme uma sina inalterável numa vocação pessoal.

Qualquer que seja o vocabulário usado para articular a atual situação do *homo sexualis*, e quer se vejam o autotreinamento e a autodescoberta ou as intervenções médicas e genéticas como o caminho certo para se atingir a identidade sexual adequada/

Dentro e fora da caixa de ferramentas da sociabilidade 75

desejada, o essencial continua sendo a "alterabilidade", a transitoriedade, a não finalidade das identidades sexuais assumidas, quaisquer que sejam. A vida do *homo sexualis* é, por esse motivo, carregada de ansiedade. Há sempre a suspeita – mesmo que apaziguada e inativa por algum tempo – de que se esteja vivendo uma mentira ou um equívoco; de que algo de importância crucial foi esquecido, perdido, negligenciado, permanecendo não ensaiado e inexplorado; de que não se cumpriu uma obrigação vital para o eu autêntico da própria pessoa, ou de que algumas oportunidades de felicidade de um tipo desconhecido, completamente diferentes do que se vivenciou antes, ainda não foram aproveitadas e tendem a se perder para sempre se continuarem desconsideradas.

O *homo sexualis* está condenado a permanecer para sempre incompleto e irrealizado – mesmo numa era em que o fogo sexual, que no passado se teria arrefecido, agora deve ser, espera-se, novamente insuflado pelos esforços conjuntos de nossas ginásticas miraculosas e de nossos remédios maravilhosos. A viagem nunca termina, o itinerário é recomposto a cada estação e o destino final é sempre desconhecido.

A subdefinição, a incompletude e a ausência de finalidade da identidade sexual (tal como todas as outras facetas da identidade nos líquidos ambientes modernos) são um veneno e seu antídoto misturados numa poderosa superdroga antitranquilizante.

A consciência dessa ambivalência é desalentadora e não produz o fim da ansiedade. Gera uma incerteza que só pode ser temporariamente apaziguada, jamais totalmente extinta. Contamina qualquer condição escolhida/atingida com dúvidas persistentes a respeito de sua propriedade e sabedoria. Mas também protege da humilhação que vem com o fracasso parcial ou total. Há sempre a possibilidade de pôr a culpa numa escolha, considerando-a equivocada, e não na incapacidade de aproveitar as oportunidades por ela oferecidas, pelo fato de a bem-aventurança prevista não ter conseguido se materializar. Há sempre uma chance de abandonar a estrada pela qual se chegaria à realização e recomeçar – mesmo que a partir do zero, se as perspectivas parecerem atraentes.

O efeito combinado do veneno e do antídoto é manter o *homo sexualis* em perpétuo movimento, empurrado à frente ("esse tipo de sexualidade não conseguiu produzir a experiência culminante que me disseram que traria") e puxado para trás ("outros tipos que vi e ouvi estão ao meu alcance – é apenas uma questão de decisão e esforço").

O *homo sexualis* não é uma condição, muito menos uma condição permanente e imutável, mas um processo, cheio de tentativas e erros, viagens exploratórias arriscadas e descobertas ocasionais, intercaladas por numerosos tropeços, arrependimentos por oportunidades perdidas e alegrias por prazeres ilusórios.

Em seu ensaio sobre a moral sexual "civilizada",[7] Sigmund Freud insinua que a civilização se baseia em grande parte na exploração e mobilização da capacidade natural humana de "sublimar" os instintos sexuais: "trocar [o] propósito originalmente sexual por algum outro" – particularmente por causas socialmente úteis.

Para atingir esse efeito, os escoadouros "naturais" dos instintos sexuais (tanto autoeróticos quanto objeto-eróticos) são represados – cortados de vez ou pelo menos parcialmente bloqueados. Imprestável e em desuso, o impulso sexual é então redirecionado por meio de dutos socialmente construídos para alvos resultantes do mesmo processo. "As forças que podem ser empregadas para atividades culturais são, portanto, em grande medida, obtidas por meio da supressão daquilo que se conhece como elementos *perversos* da excitação sexual."

Segundo Derrida, é justificado suspeitarmos de uma circularidade fatal nessa última proposição. Certos "elementos de excitação sexual" são considerados "perversos" porque resistem à supressão e, portanto, não podem ser empregados para as atividades definidas como culturais (isto é, meritórias). No entanto, para o *homo sexualis* inserido no líquido ambiente moderno, as fronteiras que separam as manifestações "saudáveis" e "perver-

Dentro e fora da caixa de ferramentas da sociabilidade

sas" em matéria de instintos sexuais estão totalmente embaçadas. Todas as formas de atividade sexual são não apenas toleradas, mas frequentemente indicadas como terapias úteis para uma ou outra forma de enfermidade psicológica, e cada vez mais aceitas como vias legítimas na busca individual da felicidade, sendo estimulada a sua exibição em público. (A pedofilia e a pornografia infantil constituem possivelmente os únicos escoadouros do impulso sexual que continuam sendo quase unanimemente execrados como perversos. Sobre esse aspecto, porém, Sigusch comenta, de modo cáustico embora correto, que o segredo dessa unanimidade atípica pode estar no fato de que a oposição à pornografia infantil "nada exige de nós senão o óleo do humanismo que tão efetivamente lubrificou, no passado, as rodas da violência. Só alguns, contudo, se colocam seriamente a favor de programas capazes de salvar vidas de crianças, já que custariam dinheiro e conforto ao mesmo tempo em que exigiriam a adoção de um modo de existência diferente".)

Em nossa líquida era moderna, os poderes constituídos não mais parecem interessados em traçar a fronteira entre o sexo "correto" e o "perverso". A razão talvez seja a rápida queda da demanda pelo emprego da energia sexual economizada em favor de "causas civilizantes" (leia-se: a produção de disciplina sobre os padrões de comportamento rotineiro, funcionais numa sociedade de produtores) – desvio que Freud, escrevendo no início do século xx, dificilmente poderia ter adivinhado, para não dizer visualizado.

Os objetos "socialmente úteis" oferecidos para descarga sexual não precisam mais ser disfarçados como "causas culturais". Eles desfilam, com orgulho e, sobretudo, grandes benefícios, sua sexualidade endêmica ou inventada. Depois da época em que a energia sexual tinha de ser sublimada para que a linha de montagem de automóveis se mantivesse em movimento, veio uma época em que a energia sexual precisava ser ampliada e liberada para selecionar qualquer canal que pudesse estar à mão e estimulada a se expandir, de modo que os veículos que saíam da linha de montagem pudessem ser ardentemente desejados como objetos sexuais.

Parece que o elo entre a sublimação do instinto sexual e sua repressão, que Freud considerava condição indispensável de qualquer arranjo social disciplinado, foi rompido. A líquida sociedade moderna descobriu uma forma de explorar a propensão/receptividade humana a sublimar os instintos sexuais sem recorrer à repressão, ou pelo menos limitando-a radicalmente. Isso aconteceu graças à progressiva desregulação do processo sublimatório, agora difuso e disperso, o tempo todo mudando de direção e guiado pela sedução dos objetos de desejo sexual em oferta, e não por quaisquer pressões coercitivas.

Communitas em oferta

Quando a qualidade o decepciona, você procura a salvação na quantidade. Quando a duração não está disponível, é a rapidez da mudança que pode redimi-lo.

Se você se sente pouco à vontade nesse mundo fluido, perdido em meio à profusão de sinais de trânsito contraditórios que parecem mover-se como uma estante sobre rodinhas, visite um ou mais daqueles especialistas para cujos serviços nunca houve demanda nem oferta maiores.

Adivinhos e astrólogos de eras passadas costumavam dizer a seus clientes como seria o seu futuro, pré-decidido, imutável e implacável, independente do que fizessem ou deixassem de fazer. Os especialistas de nossa fluida era moderna, mais provavelmente, repassariam a responsabilidade a seus confusos e perplexos clientes.

Estes descobririam que sua ansiedade pode ser atribuída a seus feitos e desfeitos, e procurariam (e certamente encontrariam) os erros cometidos ao longo de suas vidas: pouca autoconfiança, autoproteção ou autoadestramento, porém mais provavelmente, falta de flexibilidade, apego demasiado a velhas rotinas, pessoas ou lugares, carência de entusiasmo por mudanças e uma indisposição para mudar uma segunda vez. Os especialistas podem recomendar mais apreço, vigília e cuidado por si mesmo, maior atenção à capacidade interior para o prazer e a satisfação – assim como "depender" menos dos outros e dar menos consideração às demandas destes por atenção e cuidado; maior distanciamento e sobriedade ao fazer o balanço das expectativas razoáveis de ganhos e das perspectivas realistas de perdas. Os clientes que aprenderam diligentemente as lições e seguiram fielmente os conselhos de agora em diante devem se perguntar com maior frequência "o que eu ganho com isso?" e exigir mais resolutamente dos parceiros, e de todos os demais, que lhes deem "mais espaço" – ou seja, manter-se distanciados e não esperar, tolamente, que os compromissos assumidos durem para sempre.

Não se deixe apanhar. Evite abraços muito apertados. Lembre-se de que, quanto mais profundas e densas suas ligações, compromissos e engajamentos, maiores os seus riscos. Não confunda a rede – um turbilhão de caminhos sobre os quais se pode deslizar – com uma malha, essa coisa traiçoeira que, vista de dentro, parece uma gaiola.

E lembre-se, claro, de que apostar todas as suas fichas em um só numero é a máxima insensatez!

Seu celular está sempre tocando (ou assim você espera).
Uma mensagem brilha na tela em busca de outra. Seus dedos estão sempre ocupados: você pressiona as teclas, digitando novos números para responder às chamadas ou compondo suas próprias mensagens. Você permanece *conectado* – mesmo estando em constante movimento, e ainda que os remetentes ou destinatários invisíveis das mensagens recebidas e enviadas também estejam em movimento, cada qual seguindo suas próprias trajetórias. Os celulares são para pessoas em movimento.

Você nunca perde de vista o seu celular. Sua roupa de *jogging* tem um bolso especial para ele, e você nunca sai com aquele bolso vazio, da mesma forma que não vai correr sem o seu tênis. Na verdade, você não iria a *nenhum lugar* sem o celular ("nenhum lugar" é, afinal, o espaço sem um celular, com um celular fora de área ou sem bateria). Estando com o seu celular, você nunca está *fora* ou *longe*. Encontra-se sempre dentro – mas jamais trancado em um lugar. Encasulado numa teia de chamadas e mensagens, você está invulnerável. As pessoas a seu redor não podem rejeitá-lo e, mesmo que tentassem, nada do que realmente importa iria mudar.

Não importa onde você está, quem são as pessoas à sua volta e o que você está fazendo nesse lugar onde estão essas pessoas. A diferença entre um lugar e outro, entre um e outro grupo de pessoas ao alcance de sua visão e de seu toque, foi suprimida, tornou-se nula e vazia. Você é o único ponto estável num universo de objetos em movimento – e assim o são igualmente (graças a você, graças a você!) suas extensões: suas conexões. Estas permanecerão incólumes apesar de os que estão conectados por elas se moverem. Conexões são rochas em meio a areias movediças. Com elas você pode contar – e, já que confia na sua solidariedade, pode parar de se preocupar com o aspecto lamacento e traiçoeiramente escorregadio do terreno onde está pisando quando uma chamada ou mensagem é enviada ou recebida.

Uma chamada não foi respondida? Uma mensagem não foi retornada? Também não há motivo para preocupação. Existem muitos outros números de telefones na lista, e aparentemente não há limite para o volume de mensagens que você pode, com a ajuda de algumas teclas diminutas, comprimir naquele pequeno objeto que se encaixa tão bem em sua mão. Pense nisto (quer dizer, se houver tempo para pensar): é absolutamente improvável chegar ao fim de seu catálogo portátil ou digitar todas as mensagens possíveis. Há sempre mais conexões para serem usadas – e assim não tem grande importância quantas delas se tenham mostrado frágeis e passíveis de ruptura. O ritmo e a velocidade do uso e do desgaste tampouco importam. *Cada* conexão pode ter vida curta, mas seu *excesso* é indestrutível. Em meio à eternidade dessa rede imperecível, você pode se sentir seguro diante da fragilidade irreparável de cada conexão singular e transitória.

Dentro da rede, você pode sempre correr em busca de abrigo quando a multidão à sua volta ficar delirante demais para o seu gosto. Graças ao que se torna possível desde que seu celular esteja escondido com segurança no seu bolso, você se destaca da multidão – e destacar-se é a ficha de inscrição para sócio, o termo de admissão nessa multidão.

Uma multidão de pessoas destacadas: um *enxame*, para ser mais preciso. Um agregado de indivíduos autopropulsores que não precisam de comandantes, testas de ferro, porta-vozes, agentes provocadores ou informantes para se manterem juntos. Um agregado em movimento no qual cada unidade móvel faz a mesma coisa, mas nada é feito em conjunto. As unidades marcham no mesmo passo sem sair do alinhamento. Coerente consigo mesma, a multidão expulsa ou atropela as unidades que se destacam – mas são apenas essas as unidades toleradas pelo enxame.

Os telefones celulares não criam o enxame, embora sem dúvida ajudem a mantê-lo como é – um enxame. Este, por sua vez, estava esperando por Nokias e Ericssons e Motorolas ávidos por servi-lo. Se não houvesse enxame, qual seria a utilidade dos celulares?

Aos que se mantêm à parte, os celulares permitem permanecer em contato. Aos que permanecem em contato, os celulares permitem manter-se à parte...

Jonathan Rowe nos lembra:

> No final da década de 1990, em meio ao *boom* da alta tecnologia, passei algumas horas num café na área dos teatros de São Francisco... Observei uma cena recorrente lá fora. A mãe está amamentando o bebê. Os garotos estão beliscando seus bolinhos, em suas cadeiras, com os pés balançando. E lá está o pai, ligeiramente reclinado sobre a mesa, falando ao celular ... Deveria ser uma "revolução nas comunicações", e no entanto aqui, no epicentro tecnológico, os membros dessa família estavam evitando os olhares uns dos outros.[8]

Dois anos depois, Rowe provavelmente veria quatro celulares em operação em torno da mesa. Os aparelhos não impediriam que a mãe amamentasse o bebê nem que os garotos beliscassem seus bolinhos. Mas tornariam desnecessário que eles evitassem olhar-se nos olhos: àquela altura, de qualquer forma, os olhos já se teriam tornado paredes em branco – e uma parede em branco não pode sofrer danos por encarar uma outra. Com tempo suficiente, os celulares treinariam os olhos a olhar sem ver.

Como aponta John Urry, "as relações de copresença sempre envolvem contiguidade *e* afastamento, proximidade *e* distância, sensatez *e* imaginação".[9] É verdade; mas a presença ubíqua e contínua da terceira – da "proximidade virtual", universal e permanentemente disponível graças à rede eletrônica – faz a balança pender decididamente em favor do afastamento, da distância e da imaginação. Ela anuncia (ou será que pressagia?) uma separação final entre o "fisicamente distante" e o "espiritualmente remoto". O primeiro não é mais condição para o segundo. Este agora tem sua própria "base material" *high-tech*, infinitamente mais ampla, flexível, variada, atraente e prenhe de aventura do que qualquer rearranjo de corpos materiais. E a proximidade física tem menos chance do que nunca de interferir no afastamento espiritual...

Urry está correto ao descartar as profecias que falam de um iminente desaparecimento das viagens, tornadas redundantes pela facilidade de conexão eletrônica. Se não por outro motivo, porque o advento do deslocamento eletronicamente garantido faz com que viajar se torne mais seguro, menos arriscado e excludente – e assim anula muitos dos antigos limites ao poder magnético de "conhecer lugares". Os celulares assinalam, material e simbolicamente, a derradeira libertação em relação ao lugar. Estar perto de uma tomada não é mais a única condição para "permanecer conectado". Os viajantes podem eliminar de seus cálculos de perdas e ganhos as diferenças entre partir e ficar, distância e proximidade, civilização e isolamento.

Muitos *softwares* e *hardwares* foram enterrados no cemitério dos computadores desde que o inesquecível Peter Sellers tentou em vão no filme *Muito além do jardim* (1979), de Hal Ashby, desligar um bando de freiras com a ajuda de um controle remoto de televisão. Nos dias de hoje ele não teria dificuldade em deletá-las do quadro – do quadro que *ele* viu, do *seu* quadro, a soma de todas as relevâncias do mundo ao seu alcance. O outro lado da moeda da *proximidade virtual* é a *distância virtual*: a suspensão, talvez

Dentro e fora da caixa de ferramentas da sociabilidade

até a anulação, de qualquer coisa que transforme a contiguidade topográfica em proximidade. A proximidade não exige mais a contiguidade física; e a contiguidade física não determina mais a proximidade.

É uma questão em aberto saber qual lado da moeda mais contribuiu para fazer da rede eletrônica e de seus implementos de entrada e saída um meio de troca tão popular e avidamente usado nas interações humanas. Será a nova facilidade de conectar-se? Ou a de cortar a conexão? Não faltam ocasiões em que esta última parece mais urgente e importante que a primeira.

O advento da proximidade virtual torna as conexões humanas simultaneamente mais frequentes e mais banais, mais intensas e mais breves. As conexões tendem a ser demasiadamente breves e banais para poderem condensar-se em laços. Centradas no negócio à mão, estão protegidas da possibilidade de extrapolar e engajar os parceiros além do tempo e do tópico da mensagem digitada e lida – ao contrário daquilo que os relacionamentos humanos, notoriamente difusos e vorazes, são conhecidos por perpetrar. Os contatos exigem menos tempo e esforço para serem estabelecidos, e também para serem rompidos. *A distância não é obstáculo para se entrar em contato – mas entrar em contato não é obstáculo para se permanecer à parte.* Os espasmos da proximidade virtual terminam, idealmente, sem sobras nem sedimentos permanentes. Ela pode ser encerrada, real e metaforicamente, sem nada mais que o apertar de um botão.

A realização mais importante da proximidade virtual parece ser a separação entre comunicação e relacionamento. Diferentemente da antiquada proximidade topográfica, ela não exige laços estabelecidos de antemão nem resulta necessariamente em seu estabelecimento. "Estar conectado" é menos custoso do que "estar engajado" – mas também consideravelmente menos produtivo em termos da construção e manutenção de vínculos.

A proximidade virtual reduz a pressão que a contiguidade não virtual tem por hábito exercer. Ela também estabelece o padrão para todas as outras proximidades. Toda proximidade está ago-

ra no limite de medir seus méritos e falhas pelo modelo da proximidade virtual.

A proximidade virtual e a não virtual trocaram de lugar: agora a variedade virtual é que se tornou a "realidade", segundo a descrição clássica de Émile Durkheim: algo que fixa, que "institui fora de nós certas formas de agir e certos julgamentos que não dependem de cada vontade particular tomada isoladamente"; algo que "deve ser reconhecido pelo poder de coerção externa" e pela "resistência oferecida a todo ato individual que tenda a transgredi-la".[10] A proximidade não virtual termina desprovida dos rígidos padrões de comedimento e dos rigorosos paradigmas de flexibilidade que a proximidade virtual estabeleceu. Se não puder imitar aquilo que esta transformou em norma, a proximidade topográfica vai se tornar um "ato de transgressão" que certamente enfrentará resistência. E assim se permite que a proximidade virtual desempenhe o papel da genuína e inalterada realidade *real* pela qual todos os outros pretendentes ao status de realidade devem se avaliar e ser julgados.

Todo o mundo já viu, escutou e não conseguiu deixar de entreouvir a conversa de outros passageiros no ônibus falando sem parar em seus telefones. Há homens de negócios ávidos por se manterem ocupados e parecerem eficientes – ou seja, por se conectarem a tantos usuários de celulares quanto possível e mostrarem que de fato existem muitos deles prontos a receber sua chamada. Há adolescentes e jovens de ambos os sexos dizendo a alguém, em casa, por que estação haviam acabado de passar e qual seria a próxima. Você pode ter tido a impressão de que eles estavam contando os minutos que os separavam de seus lares e mal podiam esperar para estar com seus interlocutores em pessoa. Talvez não lhe tenha ocorrido que muitas dessas conversas entreouvidas não eram *ouvertures* de conversas mais longas e substantivas que prosseguiriam em seu lugar de destino – mas seus *substitutos*. Que essas conversas não estavam preparando o terreno para a coisa real, mas eram, elas próprias, exatamente isso: a coisa real... Que muitos desses jovens ávidos por dar seus paradeiros a ouvintes invisíveis iriam dentro em breve, logo que chegassem, correr para seus próprios quartos e trancar as portas.

Quando estávamos a uns poucos anos do súbito desenvolvimento da proximidade virtual eletronicamente acionada, Michael Schluter e David Lee observaram que "nós usamos a privacidade como um traje pressurizado ... Tudo menos convidar ao encontro; tudo menos envolver-se". Os lares não são mais ilhas de intimidade em meio aos mares, em rápido resfriamento, da privacidade. Transformaram-se de compartilhados playgrounds do amor e da amizade em locais de escaramuças territoriais, e de canteiros de obras onde se constrói o convívio em conjuntos de *bunkers* fortificados. "Nós entramos em nossas casas separadas e fechamos a porta, e então entramos em nossos quartos separados e fechamos a porta. A casa torna-se um centro de lazer multiuso em que os membros da família podem viver, por assim dizer, separadamente lado a lado."[11]

Seria tolo e irresponsável culpar as engenhocas eletrônicas pelo lento mas constante recuo da proximidade contínua, pessoal, direta, face a face, multifacetada e multiuso. E no entanto a proximidade virtual ostenta características que, no líquido mundo moderno, podem ser vistas, com boa razão, como vantajosas – mas que não podem ser facilmente obtidas sob as condições daquele outro *tête-à-tête*, não virtual. Não admira que a proximidade virtual tenha ganhado a preferência e seja praticada com maior zelo e espontaneidade do que qualquer outra forma de contiguidade. A solidão por trás da porta fechada de um quarto com um telefone celular à mão pode parecer uma condição menos arriscada e mais segura do que compartilhar o terreno doméstico comum.

Quanto mais atenção humana e esforço de aprendizado forem absorvidos pela variedade virtual de proximidade, menos tempo se dedicará à aquisição e ao exercício das habilidades que o outro tipo de proximidade, não virtual, exige. Essas habilidades caem em desuso – são esquecidas, nem chegam a ser aprendidas, são evitadas ou a elas se recorre, se isso chega a acontecer, com relutância. Seu desenvolvimento, se requerido, pode apresentar um desafio incômodo, talvez até insuperável. Isso aumenta os encantos da proximidade virtual. Uma vez aberta, a passagem da proximidade não virtual para a virtual adquire seu próprio ímpeto. Ela parece autoperpetuadora, e também é capaz de se autoacelerar.

"Na medida em que a geração amamentada pela rede ingressa em seus primeiros anos de namoro, o namoro pela internet está decolando. E não se trata de um último recurso. É uma atividade recreativa. É diversão."

Assim pensa Louise France.[12] Para os atuais corações solitários, as discotecas e bares para solteiros são uma recordação distante, conclui ela. Eles não adquiriram (e não temem não ter adquirido) o suficiente em termos de ferramentas de sociabilidade que fazer amigos em tais lugares exigiria. Além disso, o namoro pela internet tem vantagens que os encontros pessoais não têm: nestes últimos, o gelo, uma vez quebrado, pode permanecer quebrado ou derreter-se de uma vez por todas, mas no namoro pela internet é muito diferente. Como confidenciou um entrevistado de 28 anos da Universidade de Bath: "Você sempre pode apertar a tecla para deletar. Deixar de responder um e-mail é a coisa mais fácil do mundo." France comenta: os usuários dos recursos de namoro *on-line* podem namorar com *segurança*, protegidos por saberem que sempre podem retornar ao mercado para outra rodada de compras. Ou, como o insinua o dr. Jeff Gavin, da Universidade de Bath, citado por France: na internet pode-se namorar "sem medo de 'repercussões' no mundo real". Ou, de qualquer maneira, é assim que a pessoa se sente ao conseguir parceiros na internet. É como folhear um catálogo de reembolso postal que traz na primeira página o aviso "compra não obrigatória" e a garantia ao consumidor da "devolução do produto caso não fique satisfeito".

Terminar quando se deseje – instantaneamente, sem confusão, sem avaliação de perdas e sem remorsos – é a principal vantagem do namoro pela internet. Reduzir riscos e, simultaneamente, evitar a perda de opções é o que restou de escolha racional num mundo de oportunidades fluidas, valores cambiantes e regras instáveis. E o namoro pela internet, ao contrário da incômoda negociação de compromissos mútuos, se ajusta perfeitamente (ou quase) aos novos padrões de escolha racional.

Os shopping centers muito têm feito para reclassificar o labor da sobrevivência como diversão e recreação. O que costumava ser sofrido e suportado com uma mistura de ressentimento e repulsa, sob a pressão refratária da necessidade, tem adquirido os poderes sedutores de uma promessa de prazeres incalculáveis sem a adição de riscos igualmente incalculáveis. O que os shopping centers fizeram pelas tarefas da sobrevivência diária, o namoro pela internet tem feito pela negociação de parceria. Mas, tal como o alívio da necessidade e as pressões da "pura sobrevivência" eram condições necessárias para o sucesso dos shopping centers, assim também o namoro pela internet dificilmente teria êxito se não tivesse sido ajudado e favorecido por terem sido eliminados da lista de suas condições necessárias o engajamento *full-time*, o compromisso e a obrigação "de estar à disposição quando o outro precisa".

A responsabilidade por eliminar essas condições não pode ser atribuída à porta virtual do namoro eletrônico. Muito mais tem acontecido no caminho em direção à líquida e individualizada sociedade moderna para tornar os compromissos de longo prazo pouco numerosos, o engajamento a longo prazo uma rara expectativa e a obrigação de assistência mútua incondicional uma perspectiva que nem é realista nem percebida como digna de grandes esforços.

A suposta chave para a felicidade de todos, e assim o propósito declarado da política, é o crescimento do produto nacional bruto (PNB). E o PNB é medido pela quantidade de dinheiro gasta por todo mundo em conjunto.

"Deixe de lado a exacerbação e a histeria", escrevem Jonathan Rowe e Judith Silverstein, "e crescer significará apenas 'gastar mais dinheiro'. Não faz diferença para onde o dinheiro vai, nem por quê."[13]

Com efeito, a maior parte do dinheiro gasto, e mais ainda do crescimento dos gastos, é usada para financiar a luta contra o equivalente, para a sociedade de consumo, das "moléstias iatrogênicas" – problemas causados pela exacerbação e posterior apaziguamento dos impulsos e novidades de ontem. A indústria norte-americana de alimentos gasta por ano cerca de 21 bilhões de dólares semeando e cultivando o desejo por comidas mais sofisticadas, exóticas e supostamente mais saborosas e excitantes, enquanto a indústria de produtos dietéticos e de emagrecimento fatura 32 bilhões, e os dispêndios com tratamento médico, em grande parte explicados pela necessidade de enfrentar a maldição da obesidade, devem dobrar no curso da próxima década. Os habitantes de Los Angeles pagam uma média de 800 bilhões de dólares por ano para queimar petróleo, enquanto os hospitais recebem números recordes de pacientes sofrendo de asma, bronquite e outros problemas respiratórios causados pela poluição atmosférica, elevando suas contas já recordistas. À medida que consumir (e gastar) mais do que ontem, porém (espera-se) nem tanto quanto amanhã, se torna a estrada imperial para a solução de todos os problemas sociais, e que o céu se torna o limite para o poder de sedução das sucessivas formas de atrair o consumidor, as empresas de cobrança de débitos, as firmas de segurança e as unidades penitenciárias tornam-se importantes contribuintes para o crescimento do PNB. É impossível medir exatamente o papel enorme e crescente que o estresse provocado pelas preocupações desgastantes dos consumidores líquido-modernos desempenha no sentido de elevar as estatísticas do PNB.

A maneira aceita de calcular o "produto nacional bruto" e seu crescimento, e mais particularmente o fetiche construído pela política atual em torno dos resultados desse cálculo, baseia-se num pressuposto que não foi testado e cuja exposição é coisa rara – embora seja amplamente contestado quando quer que isso aconteça: que a soma total da felicidade humana cresce conforme uma quantidade maior de dinheiro troca de mãos. Numa sociedade de mercado, o dinheiro troca de mãos em toda sorte de ocasiões. Só para dar alguns dos exemplos pungentes recolhidos por Jonathan Rowe,[14] o dinheiro troca de mãos quando alguém se torna inválido e o carro é totalmente destruído em um acidente automobilístico; quando advogados elevam seus honorários para cuidar de uma ação de divórcio; ou quando pessoas instalam filtros ou passam a beber água mineral porque a água potável não pode mais ser consumida. E assim, em todos esses e em casos similares, o "produto interno" cresce, para regozijo dos políticos governantes e dos economistas que fazem parte de suas equipes.

O modelo de PNB que domina (monopoliza) a maneira como os habitantes da líquida, consumista e individualizada sociedade moderna pensam sobre bem-estar ou sobre uma "boa sociedade" (nas raras ocasiões em que admitem que tais pensamentos penetrem em suas preocupações com uma vida feliz e exitosa) é mais notável não pelo que ele classifica, de modo equivocado ou claramente errôneo, mas por aquilo que nem chega a classificar; por aquilo que ele deixa totalmente fora do cálculo, negando assim, na prática, qualquer relevância tópica à questão da saúde nacional e do conforto individual e coletivo.

Tal como os Estados modernos, ocupados em ordenar e classificar, não podiam suportar a existência de "homens desgovernados", e como os modernos impérios em expansão, ávidos por territórios, não podiam suportar a existência de terras "de ninguém", os mercados modernos não toleram bem a "economia de não mercado": o tipo de vida que reproduz a si mesma sem que o dinheiro troque de mãos.

Para os teóricos da economia de mercado, essa vida não conta – e portanto não existe. Para os praticantes da economia de mercado, ela constitui uma ofensa e um desafio – um espaço ainda não conquistado, um permanente convite à conquista, uma tarefa ainda não cumprida clamando por ação urgente.

Considerando a natureza temporária de todo e qualquer *modus coexistendi* entre os mercados e uma economia não monetária, os teóricos atribuem à vida autorreprodutiva ou aos fragmentos de vida autorreprodutivos nomes que sugerem sua anormalidade e extinção iminente. As pessoas que conseguem produzir os bens de que necessitam para sustentar o seu modo de vida, e que portanto dispensam as constantes visitas ao shopping, vivem "ao deus-dará"; levam um tipo de existência que extrai seu significado unicamente daquilo que lhe faz falta ou que ela omite – uma existência primitiva, miserável, que precede o "salto econômico" com que tem início a vida *normal*, sem adjetivos. Cada exemplo de um bem trocando de mãos sem um fluxo de dinheiro na direção oposta é relegado ao domínio obscuro da "economia informal" – novamente o termo adjetivado da oposição cujo outro membro, normal (ou seja, a troca mediada por dinheiro), não necessita de especificação.

Os praticantes da economia de mercado fazem o possível para alcançar os lugares que os especialistas em marketing ainda não conseguiram atingir. A expansão é ao mesmo tempo horizontal e vertical, extensiva e intensiva: o que resta a ser conquistado são as terras ainda presas ao seu meio de vida "ao deus-dará", mas também a parcela de tempo dedicada à economia "informal" entre as populações já convertidas ao modo de existência comprador/consumidor. Os meios de subsistência não monetários precisam ser destruídos de modo que aqueles que deles vivem vejam-se diante da escolha entre comprar e morrer de inanição (não que, uma vez convertidos à compra, tenham a garantia de escapar da fome). É preciso mostrar que as áreas da vida ainda não mercantilizadas escondem perigos que não podem ser afastados sem a ajuda de ferramentas e serviços comprados, ou que devem ser depreciadas como inferiores, repulsivas e, em última instância, degradantes. E realmente o são.

O que está mais visivelmente ausente no cálculo econômico dos teóricos, e figura no topo da lista dos alvos da guerra comercial segundo os praticantes do mercado, é a enorme área do que A.H. Halsey denominou a "economia moral" – o compartilhamento familiar de bens e serviços, a ajuda entre vizinhos, a cooperação entre amigos: todos os motivos, impulsos e atos com que se costuram os vínculos e compromissos duradouros entre os seres humanos.

O único personagem que os teóricos consideram merecedor de atenção, porque é a ele que se atribui o mérito de "manter a economia em movimento" e de lubrificar as rodas do crescimento econômico, é o *homo oeconomicus* – o ator econômico solitário, autorreferente e autocentrado que persegue o melhor ideal e se guia pela "escolha racional", preocupado em não cair nas garras de quaisquer emoções que resistam a ser traduzidas em ganhos monetários e vivendo num mundo cheio de outros personagens que compartilham todas essas virtudes, e nada além. O único personagem que os praticantes do mercado podem e querem reconhecer e acolher é o *homo consumens* – o solitário, autorreferente e autocentrado comprador que adotou a busca pela melhor barganha como uma cura para a solidão e não conhece outra terapia; um personagem para quem o enxame de clientes do shopping center é a única comunidade conhecida e necessária e que vive num mundo povoado por outros personagens que compartilham todas essas virtudes com ele, e nada além.

Der Mann ohne Eigenschaften, o homem sem qualidades, da modernidade precoce amadureceu e se tornou (ou teria sido obrigado a isso pela força numérica das massas?) *der Mann ohne Verwandtschaften*, o homem sem vínculos.

O *homo oeconomicus* e o *homo consumens* são homens e mulheres *sem vínculos sociais*. São os representantes ideais da economia de mercado e os tipos que agradam aos analistas do PNB.

Eles também são ficções.

À medida que as barreiras artificiais ao livre comércio são quebradas, uma após a outra, e as naturais, erradicadas e destruídas, a expansão horizontal/extensiva da economia de mercado parece caminhar para seu fim. Mas a expansão vertical/intensiva está longe de terminar, e chega-se a duvidar se esse fim é mesmo provável – ou se, de fato, sequer é concebível.

É graças à válvula de segurança da "economia moral" que as tensões geradas pela economia de mercado não chegam a assumir proporções explosivas. É graças ao amortecedor da "economia moral" que os dejetos humanos gerados pela economia de mercado não chegam a se tornar incontroláveis. Não fosse pela intervenção corretiva, lenitiva, suavizante e compensadora da economia moral, a economia de mercado exporia seu impulso autodestrutivo. O milagre diário da salvação/ressurreição da economia de mercado deriva de seu fracasso em seguir esse impulso até o fim.

Admitir unicamente o *homo oeconomicus* e o *homo consumens* no mundo governado pela economia de mercado incapacita um número considerável de seres humanos para a obtenção de permissões de residência, enquanto consente a poucos deles – se é que chega a isso – desfrutar legalmente esse direito em qualquer época e ocasião. Poucos podem escapar da área cinzenta sem utilidade para o mercado e que este ficaria feliz em eliminar e banir de uma vez por todas do mundo que governa.

O que do ponto de vista da conquista de mercado – já realizada ou ainda pretendida – é representado como uma "área cinzenta" constitui, para seus habitantes conquistados, parcialmente conquistados ou destinados a isso, uma comunidade, um bairro, um círculo de amigos, parceiros na vida e para a vida. Um mundo em que a solidariedade, a compaixão, a troca, a ajuda e a simpatia mútuas (noções estranhas ao pensamento econômico e abominadas pela prática econômica) suspendem ou afastam a escolha racional e a busca do autointeresse. Um mundo cujos habitantes não são nem concorrentes nem objetos de uso e de consumo, mas colegas (ajudantes e ajudados) no esforço contínuo e interminável de construir vidas compartilhadas e torná-las possíveis.

A necessidade de solidariedade parece suportar as agressões do mercado e sobreviver a elas – mas não porque o mercado deixe de tentar. Onde há necessidade há chance de lucro – e os especialistas em marketing levam sua engenhosidade ao limite para indicar maneiras de adquirir em lojas a solidariedade, o sorriso amigo, o convívio ou a ajuda no momento de necessidade. Constantemente têm êxito – e constantemente fracassam. Sucedâneos comercializados não podem substituir vínculos humanos. Em sua versão à venda, os vínculos se transformam em mercadorias, ou seja, são transportados para um outro domínio, governado pelo mercado, e deixam de ser os tipos de vínculo capazes de satisfazer a necessidade de convívio e que só nesta podem ser concebidos e mantidos vivos. Não pode ter êxito a caçada movida

Dentro e fora da caixa de ferramentas da sociabilidade

pelo mercado ao capital descontrolado que se esconde na sociabilidade humana.[15]

Quando observada através das lentes de um mundo ordenado, adequadamente construído e funcionando em harmonia, a "área cinzenta" da solidariedade, da amizade e das parcerias humanas é vista como o reino da *anarquia*.

O conceito de "anarquia" carrega o peso de sua história essencialmente antiestatal. De Godwin a Kropotkin, passando por Proudhon e Bakunin, os teóricos e fundadores dos movimentos anarquistas apresentaram esse termo como a designação de uma sociedade alternativa, o avesso de uma ordem coercitiva e imposta pelo poder. Essa sociedade que postulavam diferiria da existente devido à ausência do Estado – a síntese do poder desumano, intrinsecamente corruptor. Uma vez desmantelado e eliminado o poder do Estado, os seres humanos recorreriam (retornariam?) aos valores da ajuda mútua, usando, como Mikhail Bakunin vivia repetindo, sua capacidade natural de pensar e de se rebelar.[16]

A fúria dos anarquistas do século XIX concentrava-se no Estado – no Estado *moderno*, para ser preciso, uma novidade na época, que ainda não estava entrincheirado de modo suficientemente sólido para reclamar legitimidade tradicional ou basear-se na obediência rotinizada. O Estado empenhava-se em obter um controle meticuloso e ubíquo sobre todos os aspectos da vida humana que os antigos poderes haviam deixado para os recursos coletivos locais. Reclamava o direito e os meios legais para interferir em áreas das quais os antigos poderes, embora opressivos e exploradores, mantinham distância. Em particular, incumbiu-se de desmantelar *les pouvoirs intermédiaires*, ou seja, as formas de autonomia local, de autoafirmação comunal e de autogoverno. Sob ataque, as formas habituais de solução dos conflitos e problemas gerados pela vida em conjunto pareceram ser, para os pioneiros dos movimentos anárquicos, dadas de forma não problemática e, portanto, "naturais". Também eram imaginadas como autossustentáveis e totalmente capazes de manter a ordem sob todas as condições e circunstâncias, desde que protegidas das imposições originárias do Estado. A anarquia, isto é, uma sociedade sem o Estado e suas armas de coerção, era visualizada como uma ordem não coercitiva na qual a necessidade não se chocaria com a liberdade nem esta se colocaria no caminho dos pré-requisitos da vida em grupo.

O *Weltanschauung* do anarquismo inicial compartilhava com o socialismo utópico da época um forte sabor nostálgico (os ensinamentos de Proudhon e Weitling simbolizando sua íntima afinidade); o sonho de sair da estrada em que se havia entrado com o nascimento de uma nova e moderna forma de poder social e de capitalismo (ou seja, a separação entre o negócio e o lar) – de volta ao conforto, mais romantizado do que genuinamente livre de conflito, da unidade comunal de sentimentos e ações. Foi nessa forma inicial, nostálgica e utópica, que a ideia de "anarquia" se estabeleceu na aurora da sociedade moderna e na maioria de suas interpretações político-científicas.

Mas havia no pensamento anarquista outro significado, menos demarcado pelo tempo, oculto por trás de sua ostensiva rebelião antiestatal e, por essa razão, facilmente negligenciável. Esse outro significado é próximo daquele da imagem da *communitas* de Victor Turner:

> É como se houvesse aqui dois "modelos" importantes, justapostos e alternados, para o inter-relacionamento humano. O primeiro é o da sociedade como um sistema estruturado, diferenciado e frequentemente hierárquico de posições político-jurídico-econômicas ... O segundo ... é o da sociedade como uma *communitas*, comunidade ou mesmo comunhão, desestruturada ou estruturada de forma rudimentar, de indivíduos iguais que se submetem em conjunto à autoridade geral dos dignitários rituais.[17]

Turner usava a linguagem da antropologia e localizou a questão da *communitas* dentro da problemática antropológica costumeira, preocupada com as diferenças entre as formas pelas quais os agregados humanos ("sociedades", "culturas") asseguravam sua durabilidade e sua autorreprodução contínua. Mas os dois modelos

Dentro e fora da caixa de ferramentas da sociabilidade

descritos por ele também podem ser interpretados como representações de modos complementares de coexistência humana que se misturam em diversas proporções em todo e qualquer grupo humano, e não como diferentes tipos de sociedades.

Nenhuma variação do convívio humano é plenamente estruturada, nenhuma diferenciação interna é totalmente abrangente, inclusiva e livre de ambivalência, nenhuma hierarquia é total e congelada. A lógica das categorias imperfeitas preenche a diversificação endêmica e a desordem das interações humanas. Cada tentativa de completar a estruturação deixa grande número de "fios soltos" e significados contenciosos. Cada uma delas produz espaços em branco, áreas indefinidas, ambiguidades e territórios "de ninguém" que carecem de levantamentos e mapas oficiais. Todas essas sobras do esforço de trazer a ordem constituem o domínio da espontaneidade, da experimentação e da autoconstituição humanas. A *communitas* é, para o bem ou para o mal, o revestimento de todo conjunto de *societas* – e na sua ausência (se isso fosse concebível) esse conjunto se dispersaria: as *societas* se desintegrariam em suas suturas. São as *societas* com sua rotina e a *communitas* com sua anarquia que, *em conjunto*, numa cooperação relutante e dominada pelo conflito, fazem a diferença entre a ordem e o caos.

A tarefa que a institucionalização, com seus braços coercitivos, realizou de modo deficiente ou deixou de cumprir ficou para ser consertada ou completada pela inventividade espontânea dos seres humanos. Tendo-lhe sido negado o conforto da rotina, a criatividade (como apontou Bakunin) tem apenas duas faculdades humanas em que se basear: a habilidade de pensar e a tendência (e coragem) de se rebelar. O exercício de cada uma das duas é repleto de riscos e, ao contrário da rotina arraigada e protegida de modo institucional, não se pode fazer muito para minimizar esses riscos, muito menos para eliminá-los. A *communitas* (que não deve ser confundida com as contrassociedades que reclamam o nome de "comunidade", mas que se ocupam em emular os meios e recursos da *societas*) habita a terra da incerteza – e não sobreviveria em nenhum outro país.

A sobrevivência e o bem-estar da *communitas* (e também, indiretamente, da *societas*) dependem da imaginação, inventividade e coragem humanas de *quebrar* a rotina e tentar caminhos *não experimentados*. Dependem, em outras palavras, da capacidade humana de viver com riscos e de aceitar a responsabilidade pelas consequências. São essas capacidades que constituem os esteios da "economia moral" – cuidado e auxílio mútuos, viver *para* os outros, urdir o tecido dos compromissos humanos, estreitar e manter os vínculos inter-humanos, traduzir direitos em obrigações, compartir a responsabilidade pela sorte e o bem-estar de todos – indispensável para tapar os buracos escavados e conter os fluxos liberados pelo empreendimento, eternamente inconcluso, da estruturação.

A invasão e a colonização da *communitas*, *locus* da economia moral, pelas forças do mercado consumidor constituem o mais aterrador dos perigos que ameaçam a forma atual de convívio humano.

Os principais alvos do ataque do mercado são os seres humanos como *produtores*. Numa terra totalmente conquistada e colonizada, somente *consumidores* humanos poderiam obter permissão de residência. A difusa indústria familiar das condições de vida compartilhadas seria posta fora de operação e desmantelada. As formas de vida, e as parcerias que as sustentam, só estariam disponíveis como mercadorias. O Estado obcecado com a ordem combateu (correndo riscos) a anarquia, aquela marca registrada da *communitas*, em função da ameaça à rotina imposta pelo poder. O mercado consumidor obcecado pelos lucros combate essa anarquia devido à turbulenta capacidade produtiva que ela apresenta, assim como ao potencial para a autossuficiência que, ao que se suspeita, crescerá a partir dela. É porque a economia moral tem pouca necessidade do mercado que as forças deste se levantam contra ela.

Nessa guerra apresenta-se uma estratégia de mão dupla.

Em primeiro lugar, o maior número possível de aspectos da economia moral independente do mercado é mercantilizado e remodelado sob a forma de aspectos do consumo.

Em segundo lugar, qualquer coisa na economia moral da *communitas* que resista a essa mercantilização tem negada a sua relevância para a prosperidade da sociedade de consumidores. É despida de valor numa sociedade treinada para medir os valores em dinheiro e para identificá-los com as etiquetas de preço colocadas em objetos e serviços vendáveis e compráveis. É empurrada para longe das atenções do público (e, espera-se, dos indivíduos) ao ser eliminada dos cômputos oficiais do bem-estar humano.

O resultado da presente guerra é tudo menos previsível, embora até aqui pareça haver apenas um lado na ofensiva, com o outro em retirada quase total. A *communitas* perdeu muito terreno. Postos de troca ansiando por se transformarem em shopping centers afloram nos campos que ela um dia cultivou.

A perda territorial é um acontecimento sinistro e potencialmente desastroso em qualquer guerra, mas o fator que, em última instância, decide o resultado das hostilidades é a capacidade de luta das tropas. Um território perdido é mais fácil de se recuperar do que o espírito de luta e a confiança no propósito e nas chances da resistência. Mais que qualquer outra coisa, é esse segundo acontecimento que causa malefícios ao destino da economia moral.

O maior e provavelmente mais fundamental sucesso da ofensiva do mercado até agora tem sido o gradual mas persistente (embora de modo algum se possa considerá-lo completo e irreparável) esfacelamento das habilidades de sociabilidade. Em matéria de relações interpessoais, os atores não especializados encontram-se com frequência cada vez maior no "modo agêntico" – agindo de maneira heterônima, sob instruções abertas ou subliminares, e guiados basicamente pelo desejo de seguir as instruções ao pé da letra e pelo medo de se afastar dos modelos atualmente em voga. O fascínio sedutor da ação heterônima consiste principalmente numa renúncia à responsabilidade – compra-se uma receita autorizada num pacote que inclui desobrigar-se da necessidade de responder pelos resultados adversos de sua aplicação.

O desvanecimento das habilidades de sociabilidade é reforçado e acelerado pela tendência, inspirada no estilo de vida consumista dominante, a tratar os outros seres humanos como objetos de consumo e a julgá-los, segundo o padrão desses objetos, pelo volume de prazer que provavelmente oferecem e em termos de seu "valor monetário". Na melhor das hipóteses, os outros são avaliados como companheiros na atividade essencialmente solitária do consumo, parceiros nas alegrias do consumo, cujas presença e participação ativa podem intensificar esses prazeres. Nesse processo, os valores intrínsecos dos outros como seres humanos singulares (e assim também a preocupação com eles por si mesmos, e por essa singularidade) estão quase desaparecendo de vista. A solidariedade humana é a primeira baixa causada pelo triunfo do mercado consumidor.

· 3 ·

Sobre a dificuldade
de amar o próximo

A invocação de "amar o próximo como a si mesmo", diz Freud (em *O mal-estar na civilização*),[1] é um dos preceitos fundamentais da vida civilizada. É também o que mais contraria o tipo de razão que a civilização promove: a razão do interesse próprio e da busca da felicidade. O preceito fundador da civilização só pode ser aceito como algo que "faz sentido" e adotado e praticado se nos rendermos à exortação teológica credere quia absurdum – acredite porque é absurdo.

Com efeito, é suficiente perguntar "por que devo fazer isso? Que benefício me trará?" para sentir o absurdo da exigência de amar o próximo – qualquer próximo – simplesmente por ser um próximo. Se eu amo alguém, ela ou ele deve ter merecido de alguma forma... "Eles o merecem se são tão parecidos comigo de tantas maneiras importantes que neles posso amar a mim mesmo; e se são tão mais perfeitos do que eu que posso amar neles o ideal de mim mesmo... Mas, se ele é um estranho para mim e se não pode me atrair por qualquer valor próprio ou significação que possa ter adquirido para a minha vida emocional, será difícil amá-lo." Essa exigência parece ainda mais incômoda e vazia pelo fato de que, com muita frequência, não me é possível encontrar evidências suficientes de que o estranho a quem devo amar me ama ou demonstra por mim "a mínima consideração. Se lhe convier, não hesitará em me injuriar, zombar de mim, caluniar-me e demonstrar seu poder superior…"

Assim, indaga Freud, "qual é o objetivo de um preceito enunciado de modo tão solene se seu cumprimento não pode ser recomendado como algo razoável?" Somos tentados a concluir, contra o bom senso, que o "amor ao próximo" é "um mandamento que na verdade se justifica pelo fato de que nada mais contraria tão fortemente a natureza original do homem". Quanto menor a probabilidade de uma norma ser obedecida, maior a obstinação com que tenderá a ser reafirmada. E a obrigação de amar o próximo talvez tenha menos probabilidade de ser obedecida do que qualquer outra. Quando o filósofo talmúdico Rabi Hillel foi desafiado por um possível convertido a explicar o ensinamento de Deus enquanto pudesse se sustentar numa perna só, ele ofereceu o "amar o próximo como a si mesmo" como a única resposta, embora completa, que encerra a totalidade dos mandamentos divinos. Aceitar esse preceito é um ato de fé; um ato decisivo, pelo qual o ser humano rompe a couraça dos impulsos, ímpetos e predileções "naturais", assume uma posição que se afasta da natureza, que é contrária a esta, e se torna o ser "não natural" que, diferentemente das feras (e, na realidade, dos anjos, como apontou Aristóteles), os seres humanos são.

Aceitar o preceito do amor ao próximo é o ato de origem da humanidade. Todas as outras rotinas da coabitação humana, assim como suas ordens pré-estabelecidas ou retrospectivamente descobertas, são apenas uma lista (sempre incompleta) de notas de rodapé a esse preceito. Se ele fosse ignorado ou abandonado, não haveria ninguém para fazer essa lista ou refletir sobre sua incompletude.

Amar o próximo pode exigir um salto de fé. O resultado, porém, é o ato fundador da humanidade. Também é a passagem decisiva do instinto de sobrevivência para a moralidade.

Essa passagem torna a moralidade uma parte, talvez condição *sine qua non*, da sobrevivência. Com esse ingrediente, a sobrevivência de *um ser humano* se torna a sobrevivência da *humanidade* no humano.

"Amar o próximo como a si mesmo" coloca o amor-próprio como um dado indiscutível, como algo que sempre esteve ali. O amor-próprio é uma questão de sobrevivência, e a sobrevivência não precisa de mandamentos, já que outras criaturas (não humanas) passam muito bem sem eles, obrigado. Amar o próximo como se ama a si mesmo torna a sobrevivência *humana* diferente daquela de qualquer outra criatura viva. Sem a extensão/transcendência do amor-próprio, o prolongamento da vida física, corpórea, ainda não é, por si mesmo, uma sobrevivência *humana* – não é o tipo de sobrevivência que separa os seres humanos das feras (e, não se esqueçam, dos anjos). O preceito do amor ao próximo desafia e interpela os instintos estabelecidos pela natureza, mas também o significado da sobrevivência por ela instituído, assim como o do amor-próprio que o protege.

Amar o próximo pode não ser um produto básico do instinto de sobrevivência – mas também não o é o amor-próprio, tomado como modelo do amor ao próximo.

Amor-próprio – o que significa isso? O que eu amo "em mim mesmo"? O que eu amo quando amo a mim mesmo? Nós, humanos, compartilhamos os instintos de sobrevivência com nossos primos animais sejam os próximos, os nem tão próximos ou os bem distantes – mas, quando se trata de amor-próprio, nossos caminhos se separam e seguimos por conta própria.

É verdade que o amor-próprio estimula a gente a se "agarrar à vida", a tentar a todo custo permanecer vivo, a resistir e enfrentar o que quer que ameace pôr fim à nossa vida de modo prematuro ou abrupto, ou, melhor ainda, a melhorar nosso vigor e aptidão física para tornar efetiva essa resistência. Nisso, contudo, nossos primos animais são mestres e experientes, não menos que os mais dedicados e habilidosos viciados em ginástica e maníacos por saúde. Nossos primos animais (com exceção daqueles "domesticados", que nós, seus donos humanos, despimos de seus dons naturais para melhor servirem à nossa sobrevivência, e não à deles) não precisam de especialistas para lhes dizer como se manterem vivos e em forma. Tampouco precisam do amor-próprio para lhes ensinar que manter-se vivo e em forma é a coisa certa a fazer.

A sobrevivência (animal, física, corpórea) pode viver sem o amor-próprio. Para dizer a verdade, poderia acontecer melhor sem ele do que em sua companhia! Os caminhos dos instintos de sobrevivência e do amor-próprio podem correr paralelamente, mas também em direções opostas... O amor-próprio pode rebelar-se *contra* a continuação da vida. Ele nos estimula a *convidar* o perigo e dar boas-vindas à ameaça. Pode nos levar a *rejeitar* uma vida que não se ajusta a nossos padrões e que, portanto, não vale a pena ser vivida.

Pois o que amamos em nosso amor-próprio são os eus apropriados para serem amados. O que amamos é o estado, ou a esperança, de sermos amados. De sermos *objetos dignos do amor*, sermos *reconhecidos* como tais e recebermos a *prova* desse reconhecimento.

Em suma: para termos amor-próprio, precisamos ser amados. A recusa do amor – a negação do status de objeto digno do amor – alimenta a autoaversão. O amor-próprio é construído a partir do amor que nos é oferecido por outros. Se na sua construção forem usados substitutos, eles devem parecer cópias, embora fraudulentas, desse amor. Outros devem nos amar primeiro para que comecemos a amar a nós mesmos.

E como podemos saber que não fomos desconsiderados ou descartados como um caso sem esperança, que o amor está, pode estar, estará prestes a aparecer, que somos dignos dele, e assim temos o direito de nos entregar ao *amour de soi* e ter prazer com isso? Nós o sabemos, acreditamos que sabemos e somos tranquilizados de que essa crença não é um equívoco quando falam conosco e somos ouvidos, quando nos ouvem com atenção, com um interesse que trai/sinaliza uma presteza em responder. Então concluímos que somos *respeitados*. Ou seja, supomos que aquilo que pensamos, fazemos ou pretendemos fazer é levado em consideração.

Se os outros me respeitam, então obviamente deve haver "em mim" – ou não deve? – algo que só eu lhes posso oferecer. E obviamente existem esses outros – não existem? – que ficariam

Sobre a dificuldade de amar o próximo

satisfeitos e gratos por isso lhes ser oferecido. Eu sou importante
e o que penso e digo também é. Não sou uma cifra, facilmente
substituída e descartada. Eu "faço diferença" para outros além
de mim. O que digo e sou e faço tem importância – e isso não é
apenas um voo da minha fantasia. O mundo à minha volta seria
mais pobre, menos interessante e promissor se eu subitamente
deixasse de existir ou fosse para outro lugar.

Se é isso que nos torna objetos legítimos e adequados do
amor-próprio, então a exortação a "amar o próximo como a si
mesmo" (ou seja, ter a expectativa de que o próximo desejará
ser amado pelas mesmas razões que estimulam nosso amor-
próprio) evoca o desejo do próximo de ter reconhecida, admi-
tida e confirmada a sua dignidade de portar um valor singular,
insubstituível e não descartável. A exortação nos leva a pressu-
por que o próximo de fato representa esses valores – ao menos
até prova em contrário. Amar o próximo como amamos a nós
mesmos significaria então respeitar a *singularidade de cada um*
– o valor de nossas diferenças, que enriquecem o mundo que
habitamos em conjunto e assim o tornam um lugar mais fascinante e agradável, aumentando a cornucópia de suas promessas.

**Numa cena de *Korczak*, o filme mais humano de Andrzej Wajda,
Janus Korczak (pseudônimo do grande pedagogo Henryk Goldszmit), um herói cinematográfico muito humano, é relembra-
do dos horrores das guerras travadas no curso da vida de sua
sofrida geração. Ele recorda essas atrocidades, é claro, e elas
o ofendem e repugnam. E de modo ainda mais vívido, e com
o maior dos horrores, ele se lembra de um bêbado chutando
uma criança.**

Em nosso mundo obcecado por estatísticas, médias e maiorias,
tendemos a medir o grau de desumanidade das guerras pelo número de baixas que elas causam. Tendemos a medir o mal, a crueldade,
a repugnância e a infâmia da vitimização pelo número de vítimas.
Mas, em 1944, em meio à guerra mais mortífera já travada pelos
seres humanos, Ludwig Wittgenstein observou:

Nenhum clamor de tormento pode ser maior que o clamor de um homem.

Ou, mais uma vez, *nenhum* tormento pode ser maior do que aquilo que um único ser humano pode sofrer.

O planeta inteiro não pode sofrer tormento maior do que uma *única* alma.

Meio século depois, quando questionada por Leslie Stahl, da rede de televisão CBS, sobre o cerca de meio milhão de crianças mortas em função do continuado bloqueio militar imposto pelos Estados Unidos ao Iraque, Madeleine Albright, então embaixadora norte-americana na ONU, não negou a acusação, admitindo ter sido "uma escolha difícil de fazer". Mas justificou-a: "Achamos que era um preço que valia ser pago."

Albright, sejamos justos, não estava nem está só ao seguir esse tipo de raciocínio. "Não se pode fazer uma omelete sem quebrar os ovos" é a desculpa favorita dos visionários, dos porta-vozes das visões oficialmente endossadas e dos generais que agem da mesma forma sob o comando dos porta-vozes. Essa fórmula transformou-se, com o passar dos anos, num verdadeiro slogan de nossos admiráveis tempos modernos.

Quaisquer que sejam aqueles "nós" que "achamos" e em cujo nome falava Albright, foi exatamente a fria crueldade de seu tipo de avaliação que provocou a oposição de Wittgenstein e deixou Korczak chocado, ultrajado e revoltado, resolvido a dedicar toda uma vida a essa revolta.

A maioria de nós concordaria que esse sofrimento sem sentido e essa dor insensivelmente infligida não podem ser desculpados e não teriam defesa perante tribunal algum. Mas menos estariam prontos a admitir que provocar a fome ou causar a morte de uma única pessoa não é, não pode ser, "um preço que vale ser pago", não importa quão "sensata" ou até nobre possa ser a causa pela qual se pague. Tampouco a humilhação ou a negação da dignidade humana pode ser esse preço. Não é apenas que a vida digna e o respeito devido à humanidade de cada ser humano se combinem num valor supremo que não pode ser superado ou

Sobre a dificuldade de amar o próximo

compensado por nenhum volume ou quantidade de outros valores, mas que *todos os outros valores só são valores na medida em que sirvam à dignidade humana e promovam a sua causa.* Todas as coisas valorosas na vida humana nada mais são que diferentes fichas para a aquisição do único valor que torna a vida digna de ser vivida. Aquele que busca a sobrevivência assassinando a humanidade de outros seres humanos sobrevive à morte de sua própria humanidade.

A negação da dignidade humana deprecia o valor de qualquer causa que necessite dessa negação para afirmar a si mesma. E o sofrimento de uma única criança deprecia esse valor de forma tão radical e completa quanto o sofrimento de milhões. O que pode ser válido para omeletes torna-se uma mentira cruel quando aplicado à felicidade e ao bem-estar humanos.

É comumente aceito pelos biógrafos e discípulos de Korczak que a chave para seus pensamentos e atos era o amor que tinha pelos filhos. Essa interpretação é bem fundamentada. O amor de Korczak pelos filhos era apaixonado e incondicional, total e abrangente – o bastante para sustentar toda uma vida caracterizada por uma sensibilidade e uma integridade singularmente coesas. Ainda assim, como a maior parte das interpretações, essa também não corresponde à totalidade de seu objeto.

Korczak amava os filhos como poucos de nós estão prontos ou capacitados a amar, mas *o que amava neles era sua humanidade.* A humanidade no que ela tem de melhor – sem distorções, sem truncamentos, sem enfeites nem mutilações, plena em sua incipiência e nascença, cheia de promessas que ainda não foram traídas e de potenciais ainda não comprometidos. O mundo em que os potenciais portadores de humanidade nascem e crescem é, ao que se sabe, mais propenso a prender as asas do que a estimular os supostos voadores a abri-las, e assim, na opinião de Korczak, era apenas nas crianças que essa humanidade podia ser encontrada, capturada e preservada (por algum tempo, só por algum tempo!) intacta e ilesa.

Talvez fosse melhor mudar os costumes do mundo e tornar nosso hábitat mais hospitaleiro à dignidade humana, de modo que amadurecer não exigisse o comprometimento da humanidade de uma criança. O jovem Henryk Goldszmit compartilhava as esperanças do século em que nasceu e acreditava que mudar os abomináveis hábitos do mundo *estava* ao alcance dos seres humanos, sendo uma tarefa viável e que ao mesmo tempo tendia a ser realizada. Mas com o passar do tempo, à medida que as pilhas de vítimas e os "danos colaterais" provocados tanto pelas más quanto pelas mais nobres intenções atingiam dimensões estratosféricas, e em que a necrose e a putrificação da carne em que os sonhos tendiam a se transformar deixava cada vez menos espaço à imaginação, essas esperanças exaltadas foram sendo despidas de sua credibilidade. Janus Korczak conhecia muito bem a desconfortável mentira que Henryk Goldszmit praticamente ignorava: não pode haver atalhos que conduzam a um mundo feito sob medida para a dignidade humana, e ao mesmo tempo é improvável que o "mundo realmente existente", construído dia a dia por pessoas já espoliadas de sua dignidade e desacostumadas a respeitar a das outras, possa algum dia ser refeito segundo essa medida.

A este nosso mundo não se pode impor legalmente a perfeição. Não se pode forçá-lo a adotar a virtude, mas tampouco persuadi-lo a se comportar de modo virtuoso. Não se pode fazer com que seja terno e atencioso para com os seres humanos que o habitam, e ao mesmo tempo tão adaptado aos seus sonhos de dignidade quanto idealmente se desejaria que fosse. *Mas você deve tentar*. Você vai tentar. Você o faria, de qualquer maneira, se fosse aquele Janus Korczak inspirado em Henryk Goldszmit.

Mas como você tentaria? Um pouco como os antiquados visionários utópicos que, não tendo conseguido tornar quadrado o círculo da segurança e da liberdade na Grande Sociedade, transformaram-se em projetistas de comunidades controladas, shopping centers e parques temáticos ... No seu caso, protegendo a dignidade com que cada ser humano nasce dos gatunos e falsários que tramam roubá-la ou desvirtuá-la e mutilá-la. E você começaria pelo trabalho perpétuo de protegê-la enquanto é tempo, durante a infância dessa dignidade. Tentaria trancar o estábulo *antes* que o cavalo fugisse ou fosse roubado.

Uma das formas de fazê-lo, aparentemente a mais razoável, é abrigar as crianças dos eflúvios venenosos de um mundo infectado e corrompido pela humilhação e a indignidade humanas, barrar o acesso à lei da selva que começa justamente do outro lado da porta do abrigo. Quando seu orfanato se mudou do endereço anterior à guerra, em Krochmalma, para o Gueto de Varsóvia, Korczak ordenou que a porta de entrada permanecesse trancada e as janelas do andar térreo fossem tapadas. Quando as deportações para as câmaras de gás estavam se tornando uma certeza, Korczak supostamente se opôs à ideia de fechar o orfanato e despachar as crianças para que buscassem individualmente a chance de escapar que algumas poderiam (apenas poderiam) ter. Ele pode ter concluído que não valeria correr o risco: uma vez fora do abrigo, as crianças aprenderiam a temer, a humilhar-se e a odiar. Elas perderiam o mais precioso dos valores – sua dignidade. Uma vez privadas desse valor, qual a vantagem de permanecerem vivas? O valor, o mais precioso dos valores humanos, o atributo *sine qua non* de humanidade, é uma vida de dignidade, não a sobrevivência a qualquer custo.

Spielberg poderia aprender alguma coisa com Korczak, o homem, e *Korczak*, o filme.
Uma coisa que ele não sabia, ou não queria saber, ou não queria admitir que sabia; algo sobre a vida humana e os valores que a tornam digna de ser vivida. Uma coisa sobre a qual ele demonstrou ignorância ou descaso em sua própria narrativa da desumanidade, no filme recordista de bilheteria *A lista de Schindler*, para o aplauso de nosso mundo em que a dignidade tem pouca utilidade e a humilhação, grande demanda, e que chegou a ver o propósito da vida em sobreviver aos outros.
Sobreviver aos outros é o tema de *A lista de Schindler*; sobreviver a qualquer custo e em qualquer condição, venha o que vier, fazendo o que for preciso fazer. A sala de cinema lotada irrompe em aplausos quando Schindler consegue tirar seu mestre de obras de um trem pronto a partir para Treblinka. Não importa que o trem não tenha sido impedido de seguir e o resto dos pas-

sageiros dos vagões de gado vá terminar sua jornada nas câmaras de gás. E os aplausos surgem novamente quando Schindler recusa a oferta de "outra judia" para substituir a "dele", "erradamente" destinada aos fornos crematórios, e consegue "corrigir" "o erro".

O direito do mais forte, mais astuto, engenhoso ou ardiloso de fazer o possível para sobreviver ao mais fraco e desafortunado é uma das lições mais horripilantes do Holocausto.
Uma lição terrível e atemorizante, mas nem por isso aprendida, apropriada, memorizada e aplicada com menos avidez. Para ser adequada à adoção, essa lição deve, em primeiro lugar, ser rigorosamente despida de todas as conotações éticas, até a mais crua essência do jogo de soma zero da sobrevivência. Viver significa sobreviver. O mais forte vive. Quem ataca primeiro sobrevive. Desde que você seja o mais forte, pode escapar impune, não importa o que tenha feito ao fraco. O fato de que a desumanização das vítimas desumaniza – devasta moralmente – seus vitimizadores é desconsiderado como um detalhe irritante. Quer dizer, se não tiver sido silenciosamente omitido. O que conta é chegar ao topo e lá permanecer. Sobreviver – manter-se vivo – é um valor aparentemente não prejudicado nem maculado pela desumanidade de uma vida dedicada à sobrevivência. Vale a pena persegui-lo por si mesmo, por mais caro que isso saia para os derrotados e por mais profundas e incorrigíveis que sejam as formas como isso pode depravar e degradar os vitoriosos.

Essa horripilante lição do Holocausto, a mais desumana, completa-se com um inventário das dores que se pode infligir aos fracos a fim de afirmar a própria força. Capturar, deportar, trancafiar em campos de concentração, ou aproximar a situação angustiosa de toda a população do modelo do campo de concentração, demonstrar a futilidade da lei pela execução sumária de suspeitos, aprisionar sem julgamento nem prazo de soltura, espalhar o terror que aleatória e casualmente infligia tormentos aos montes – foi amplamente comprovado que tudo isso serve efetivamente à causa da sobrevivência e é, portanto, "racional".

Essa lista pode ser, e é, ampliada com o passar do tempo. "Novos e aperfeiçoados" expedientes são testados e, caso funcionem, acrescentados ao repertório – como demolir casas isoladas ou distritos residenciais inteiros, extirpar pomares de oliveiras, queimar ou destruir lavouras, incendiar locais de trabalho e destruir de outras formas os já miseráveis recursos de subsistência. Todas essas medidas mostram uma tendência a se propelirem e exacerbarem por si mesmas. À medida que cresce a lista de atrocidades, o mesmo ocorre com a necessidade de aplicá-las de modo cada vez mais resoluto para evitar não apenas que as vítimas se façam ouvir, mas que se dê atenção a elas. E conforme os velhos estratagemas se tornam rotina e o horror que semearam entre seus alvos se dissipa, novos, mais dolorosos e terríveis artifícios precisam ser procurados febrilmente.

A vitimização dificilmente humaniza suas vítimas. Ser vítima não garante um lugar nos píncaros da moral.
Numa carta pessoal em que fazia objeções ao meu exame da possibilidade de romper a "cadeia cismogenética" que tende a transformar vítimas em vitimizadores, Antonina Zhelazkova, a etnóloga intrépida e singularmente perspicaz, dedicada exploradora do aparentemente impenetrável barril de pólvora étnico e de outras animosidades que são os Bálcãs, escreveu:

> Eu não aceito que as pessoas estejam em posição de combater o impulso de se tornarem assassinas depois de terem sido vítimas. É exigir demais das pessoas comuns. É frequente que a vítima se transforme em carniceiro. O pobre homem, assim como os pobres de espírito a quem se ajudou, passa a odiá-lo ... porque eles desejam esquecer o passado, a humilhação, a dor e o fato de terem conseguido algo com a ajuda de alguém, por causa da piedade de alguém, e não por si mesmos ... Como escapar à dor e à humilhação? A forma natural é matar ou humilhar seu algoz ou benfeitor. Ou encontrar outra pessoa, mais fraca, para triunfar sobre ela.

Tenhamos o cuidado de rejeitar delicadamente a advertência de Zhelazkova. As condições contrárias à humanidade comum parecem realmente insuperáveis. As armas não falam, embora os sons dos seres humanos falando pareçam uma resposta abominavelmente débil ao zunido dos mísseis e ao ruído ensurdecedor dos explosivos.

A memória é uma bênção ambígua. Mais precisamente, é ao mesmo tempo uma bênção e uma maldição lançada sobre alguém. Pode "manter vivas" muitas coisas de valor profundamente desigual para o grupo e seus vizinhos. O passado é uma grande quantidade de eventos, e a memória nunca retém todos eles. E o que quer que ela retenha ou recupere do esquecimento nunca é reproduzido em sua forma "prístina" (o que quer que isso signifique). O "passado como um todo", e o passado *wie es ist eigentlich gewesen* (como Ranke insinuou que deveria ser recontado pelos historiadores), nunca é recapturado pela memória. E se o fosse, a memória seria francamente um risco e não uma vantagem para os vivos. Ela *seleciona* e *interpreta* – e o *que* deve ser selecionado e *como* precisa ser interpretado é um tema discutível, objeto de contínua disputa. Fazer ressurgir o passado, mantê-lo vivo, só pode ser alcançado mediante o trabalho ativo – escolher, processar, reciclar – da memória.

Em *A exigência ética*, Løgstrup manifestou uma visão mais otimista das inclinações naturais humanas.

"É uma característica da vida humana que normalmente encaremos uns aos outros com natural confiança", escreveu ele. "Só em função de alguma circunstância especial desconfiamos antecipadamente de um estranho ... Em circunstâncias normais, contudo, nós aceitamos a palavra do estranho e não duvidamos dele até que tenhamos uma razão particular para isso. Nunca suspeitamos da falsidade de uma pessoa até que a tenhamos apanhado numa mentira."[2]

Løgstrup elaborou *A exigência ética* durante os oito anos subsequentes ao seu casamento com Rosalie Maria Pauly, passados numa pequena e tranquila paróquia da Ilha de Funen. Com o devido respeito aos amigáveis e sociáveis moradores de Aarhus, onde Løgstrup viveria o restante de seus dias ensinando teologia

Sobre a dificuldade de amar o próximo

na universidade local, duvido que ele pudesse ter concebido tais ideias caso tivesse se estabelecido naquela cidade e confrontado diretamente as realidades do mundo em guerra e sob ocupação, como um membro ativo da resistência dinamarquesa.

As pessoas tendem a tecer suas memórias do mundo utilizando o fio de suas experiências. Os membros da atual geração podem achar artificial a imagem luminosa e alegre de um mundo confiante e fiel – em profundo desacordo com o que eles próprios aprendem diariamente e com o que é insinuado pelas narrativas comuns da experiência humana e recomendado pelas estratégias de vida que lhes são apresentadas no dia a dia. Prefeririam reconhecer-se nos atos e confissões dos personagens que aparecem na onda mais recente de programas televisivos, altamente populares e avidamente assistidos, tipo *Big Brother*, *Survivor* e *The Weakest Link*. Eles passam uma mensagem bem diferente: um estranho *não* é alguém em quem se deva confiar. A série *Survivor* tem um subtítulo que diz tudo: "Não confie em ninguém." Os fãs e adeptos dos "*reality shows*" televisivos poderiam inverter o veredicto de Løgstrup: "É uma característica da vida humana que normalmente encaremos uns aos outros com natural suspeita."

Esses espetáculos televisivos que tomaram milhões de espectadores de assalto e imediatamente capturaram sua imaginação eram ensaios públicos sobre a *descartabilidade* dos seres humanos. Traziam prazer e advertência juntos, com a mensagem de que ninguém é indispensável, ninguém tem o direito a sua parte dos frutos de um esforço conjunto apenas por ter dado alguma contribuição ao seu crescimento – muito menos por ser simplesmente um membro da equipe. A vida é um jogo duro para pessoas duras, dizia a mensagem. Cada jogo começa do zero, méritos passados não contam, você tem tanto valor quanto os resultados de seu último duelo. Cada jogador, a cada momento, está por conta própria, e para progredir (sem falar em chegar ao topo!) deve primeiro colaborar na exclusão de muitas outras pessoas ávidas por sobrevivência e sucesso que estão bloqueando o caminho – mas apenas para superar, uma por uma, todas aquelas com quem tivemos de cooperar, e abandoná-las, derrotadas e inúteis.

Os outros são, em primeiro lugar e acima de tudo, competidores, tramando como qualquer competidor, cavando buracos, preparando emboscadas, torcendo para que venhamos a tropeçar e cair. Os trunfos que ajudam os vencedores a superar a concorrência e emergir triunfantes da batalha impiedosa são de muitos tipos, variando da autoconfiança ruidosa à humilde autoaniquilação. E no entanto, independente do estratagema empregado, dos trunfos dos sobreviventes e das deficiências dos perdedores, a história da sobrevivência tende a se desenvolver da mesma e monótona maneira: *num jogo de sobrevivência, confiança, compaixão e clemência* (os atributos supremos de Løgstrup) *são fatores suicidas*. Se você não for mais duro e menos escrupuloso do que todos os outros, será liquidado por eles, com ou sem remorso. Estamos de volta à triste verdade do mundo darwiniano: é o mais apto que invariavelmente sobrevive. Ou melhor, a sobrevivência é a derradeira prova de aptidão.

Se os jovens de nosso tempo fossem leitores de livros, e particularmente de livros antigos que não se encontram nas atuais listas de mais vendidos, tenderiam a concordar com a amarga e sombria imagem do mundo pintada por Leon Shestov, exilado russo e filósofo da Sorbonne: "*Homo homini lupus* é uma das máximas mais inabaláveis da moral eterna. Em cada um de nossos vizinhos tememos um lobo … Somos tão pobres, tão fracos, tão facilmente arruináveis e destrutíveis! Como podemos deixar de ter medo? … Enxergamos o perigo, apenas o perigo…"[3] Eles insistiriam – como o fez Shestov e como se tornou senso comum, graças a programas do tipo *Big Brother* – em afirmar que este é um mundo duro, feito para pessoas duras: um mundo de indivíduos relegados a se basearem unicamente em seus próprios ardis, tentando ultrapassar e superar uns aos outros. Ao conhecer um estranho você precisa em primeiro lugar de vigilância, e em segundo e terceiro lugares de vigilância. Aproximar-se, colocar-se ombro a ombro e trabalhar em equipe fazem muito sentido enquanto o ajudam a avançar em seu próprio caminho. Mas perdem a razão de ser quando não trazem mais benefícios, ou quando estes – esperada ou apenas possivelmente – são menores que os obtidos evitando-se compromissos e cancelando-se obrigações.

Os jovens que estão nascendo, crescendo e amadurecendo nesta virada do século XX para o XXI também achariam familiar, talvez até autoevidente, a descrição de Anthony Giddens do "relacionamento puro".[4]

O "relacionamento puro" tende a ser, nos dias de hoje, a forma predominante de convívio humano, na qual se entra "pelo que cada um pode ganhar" e se "continua apenas enquanto ambas as partes imaginem que estão proporcionando a cada uma satisfações suficientes para permanecerem na relação".

O atual "relacionamento puro", na descrição de Giddens, não

> é, como o casamento um dia foi, uma "condição natural" cuja durabilidade possa ser tomada como algo garantido, a não ser em circunstâncias extremas. É uma característica do relacionamento puro que ele possa ser rompido, mais ou menos ao bel-prazer, por qualquer um dos parceiros e a qualquer momento. Para que uma relação seja mantida, é necessária a possibilidade de compromisso duradouro. Mas qualquer um que se comprometa sem reservas arrisca-se a um grande sofrimento no futuro, caso ela venha a ser dissolvida.

O compromisso com outra pessoa ou com outras pessoas, em particular o compromisso incondicional e certamente aquele do tipo "até que a morte nos separe", na alegria e na tristeza, na riqueza ou na pobreza, parece cada vez mais uma armadilha que se deve evitar a todo custo.

Sobre as coisas que aprovam, os jovens de língua inglesa dizem "*cool*". Uma palavra adequada: independentemente das outras características que os atos e interações humanos possam ter, não se deve admitir que a interação esquente e particularmente que permaneça quente: é boa enquanto continua *cool*, e ser *cool* significa que é boa. Se você sabe que seu parceiro pode preferir abandonar o barco a qualquer momento, com ou sem a sua concordância (tão logo ache que você perdeu seu potencial como fonte de deleite, conservando poucas promessas de novas alegrias, ou apenas porque a grama do vizinho parece mais verde), investir seus sentimentos no relacionamento atual é sempre um passo arriscado. Investir fortes sentimentos na parceria e fazer um voto de fidelidade significa aceitar um risco enorme: isso o torna *dependente* de seu parceiro (embora devamos observar que essa dependência, que agora está se tornando rapidamente um termo pejorativo, é aquilo em que consiste a responsabilidade moral pelo Outro – tanto para Løgstrup quanto para Levinas).

Para esfregar sal na ferida, a dependência – devido à "pureza" de seu relacionamento – não pode nem precisa ser recíproca. Assim, você está amarrado, mas seu parceiro continua livre para ir e vir, e nenhum tipo de vínculo que possa manter você no lugar é suficiente para assegurar que ele não o faça. O conhecimento amplamente compartilhado – na verdade, um lugar-comum – de que todos os relacionamentos são "puros" (ou seja, frágeis, fissíparos, tendentes a não durar mais do que a conveniência que trazem, e portanto sempre "até segunda ordem") dificilmente seria um solo em que a confiança pudesse fincar raízes e florescer.

Parcerias frouxas e eminentemente revogáveis substituíram o modelo da união pessoal "até que a morte nos separe" que ainda se mantinha (mesmo que mostrando um número crescente de fissuras desconcertantes) na época em que Løgstrup registrou sua crença na "naturalidade" e "normalidade" da confiança e anunciou seu veredicto de que era a *suspensão* ou *supressão* da confiança, e não o seu *dom incondicional e espontâneo*, que constituía uma exceção causada por circunstâncias extraordinárias que, portanto, exigiam uma explicação.

A fraqueza, a debilidade e a vulnerabilidade das parcerias pessoais não são, contudo, as únicas características do atual ambiente de vida a solaparem a credibilidade das hipóteses de Løgstrup. Uma inédita fluidez, fragilidade e transitoriedade em construção (a famosa "flexibilidade") marcam todas as espécies de vínculos sociais que, uma década atrás, combinaram-se para constituir um arcabouço duradouro e fidedigno dentro do qual

Sobre a dificuldade de amar o próximo

se pôde tecer com segurança uma rede de interações humanas. Elas afetam particularmente, e talvez de modo mais seminal, o emprego e as relações profissionais. Com o desaparecimento da demanda por certas habilidades num tempo menor do que o necessário para adquiri-las e dominá-las; com credenciais educacionais perdendo valor em relação ao custo anual de sua aquisição ou mesmo transformando-se em "equidade negativa" muito antes de sua "data de vencimento" supostamente vitalícia; com empregos desaparecendo sem aviso, ou quase; e com o curso da existência fatiado numa série de projetos singulares cada vez menores, as perspectivas de vida crescentemente se parecem com as convoluções aleatórias de projéteis inteligentes em busca de alvos esquivos, efêmeros e móveis, e não com a trajetória pré-planejada, predeterminada e previsível de um míssil balístico.

O mundo de hoje parece estar conspirando contra a confiança.
A confiança deve continuar sendo, como sugere Knud Løgstrup, um derramamento natural da "expressão soberana da vida", mas, uma vez posta em curso, agora procura em vão por um lugar para lançar âncora. A confiança foi condenada a uma vida cheia de frustração. Pessoas (sozinhas, individualmente ou em conjunto), empresas, partidos, comunidades, grandes causas ou padrões de vida investidos com a autoridade de guiar nossa existência frequentemente deixam de compensar a devoção. De qualquer forma, é raro serem modelos de coerência e continuidade a longo prazo. Dificilmente há um único ponto de referência sobre o qual se possa concentrar a atenção de modo fidedigno e seguro, para que os desorientados possam ser eximidos do fatigante dever da vigilância constante e das incessantes retrações de passos dados ou pretendidos. Não se dispõe de pontos de orientação que pareçam ter uma expectativa de vida mais longa do que os próprios necessitados de orientação, por mais curtas que possam ser suas existências físicas. A experiência individual aponta obstinadamente para o eu como o eixo mais provável da duração e da continuidade procuradas com tanta avidez.

Em nossa sociedade supostamente adepta da reflexão, não é provável que se reforce muito a confiança. Um exame ponderado dos dados fornecidos pelas evidências da vida aponta na direção oposta, revelando repetidamente a perpétua inconstância das regras e a fragilidade dos laços. Mas será que isso significa que a decisão de Løgstrup de investir as esperanças de moralidade na espontânea *tendência endêmica* à confiança nos outros teria sido invalidada pela *incerteza endêmica* que satura o mundo de hoje?

Poderíamos dizer isso – não fosse pelo fato de que a visão segundo a qual os impulsos morais nascem da reflexão nunca foi a de Løgstrup. Pelo contrário: de seu ponto de vista, a esperança de moralidade caracterizava-se precisamente por sua *espontaneidade pré-reflexiva*: "A compaixão é espontânea porque a menor interrupção, a menor maquinação, a menor diluição para que sirva a algum outro propósito provocam sua destruição total – na verdade, transformam-na em seu oposto, a desumanidade."[5]

Emmanuel Levinas é conhecido por insistir em que a pergunta "por que eu deveria ser ético" (ou seja, pedindo argumentos do tipo "o que ganho com isso?", "o que essa pessoa me fez para justificar minha atenção?" ou "será que outra pessoa não poderia fazer isso em meu lugar?") não é o *ponto de partida* da conduta moral, mas sim um sinal de sua morte, da mesma forma que toda amoralidade começou com a pergunta de Caim: "Serei eu o protetor de meu irmão?" Løgstrup parece concordar.

"A *necessidade* da moral" (essa expressão já é um paradoxo, pois aquilo que responde a uma "necessidade", não importa o que seja, é algo diferente da moral) ou simplesmente sua "conveniência" não podem ser estabelecidas discursivamente, muito menos provadas. A moral nada mais é que uma manifestação de humanidade inatamente estimulada – não "serve" a propósito algum e com toda certeza não é guiada pela expectativa de lucro, conforto, glória ou autoengrandecimento. É verdade que ações objetivamente boas – proveitosas e úteis – têm sido muitas vezes realizadas em função do cálculo de lucro do agente, seja obter a graça divina, ganhar o respeito público ou livrar-se da crueldade demonstrada em outras ocasiões. Esses atos, porém, não podem ser classificados como genuinamente *morais* precisamente por terem sido assim *motivados*.

Nos atos morais, insiste Løgstrup, "exclui-se um motivo ulterior". A expressão espontânea da vida é *radical* precisamente graças à "ausência de motivos ulteriores" – tanto amorais quanto *morais*. Essa é mais uma razão pela qual a demanda ética, essa pressão "objetiva" para que sejamos éticos, emanada do próprio fato de se estar vivo e compartilhando o planeta com outros, é e deve ser silenciosa. Já que a "obediência à demanda ética" pode facilmente transformar-se (ser deformada e distorcida) num motivo de conduta, essa demanda está em sua melhor forma quando é esquecida e não se pensa nela: sua radicalidade "consiste em exigir o que é supérfluo".[6] "A imediação do contato humano é sustentada pelas expressões imediatas da vida"[7] e não precisa de outros apoios, nem de fato os tolera.

Em termos práticos, ela significa que, não importa o quanto um ser humano possa ressentir-se por ter sido abandonado (em última instância) à sua própria deliberação e responsabilidade, é precisamente esse abandono que contém a esperança de um convívio moralmente fecundo. A esperança – não a certeza.

A espontaneidade e a soberania das expressões de vida não respondem pela conduta resultante como sendo a escolha eticamente adequada e louvável entre o bem e o mal. A questão, porém, é que erros crassos *e* escolhas acertadas surgem da mesma condição – assim como os covardes impulsos de correr em busca de proteção que as ordens peremptórias obrigatoriamente proveem *e* a coragem de aceitar a responsabilidade. Sem se preparar para a possibilidade de fazer escolhas erradas, é difícil haver uma forma de perseverar na busca da escolha certa. Longe de ser uma grande ameaça à moral (e logo abominável para os filósofos éticos), *a incerteza é a terra natal da pessoa ética e o único solo em que a moral pode brotar e florescer.*

Mas, como Løgstrup prontamente nos assinala, é a "imediação do contato humano" que é "sustentada pelas expressões imediatas de vida". Presumo que a conexão e o condicionamento mútuo ajam nos dois sentidos. A "imediação" parece desempenhar no pensamento de Løgstrup um papel semelhante ao da "proximidade" nos textos de Levinas. As "expressões imediatas da vida" são disparadas pela proximidade, ou pela presença imediata de outro ser humano – fraco e vulnerável, sofrendo e precisando de auxílio. Somos desafiados pelo que vemos. E desafiados a agir – a ajudar, defender, trazer alívio, curar ou salvar.

"A expressão soberana da vida" é outro "fato cru" – tal como a "responsabilidade" de Levinas ou mesmo a "demanda ética" de Løgstrup.

Ao contrário da demanda ética, eternamente à espera, inaudível, inexaurida, irrealizada e talvez, a princípio, irrealizável e inexaurível, a expressão soberana da vida sempre se realiza e se conclui prontamente – embora não por escolha, mas "de modo espontâneo, sem que se exija".[8] É, podemos presumir, essa condição "sem escolha" das expressões da vida que explica a imputação de "soberania".

"A expressão soberana da vida" pode ser vista como outro nome para o *Befindlichkeit* ("estar situado", noção essencialmente ontológica) de Martin Heidegger, combinado com seu *Stimmung* ("estar sintonizado", reflexo epistemológico do "estar situado").[9] Como Heidegger insinuou, antes que se possa iniciar qualquer escolha já estamos imersos no mundo e sintonizados com essa imersão – armados de *Vorurteil, Vorhabe, Vorsicht, Vorgriff,* todas essas capacidades com o prefixo "*vor*" ("*pré*") que antecedem todo o conhecimento e constituem a sua própria possibilidade. Mas o *Stimmung* heideggeriano relaciona-se intimamente com o *das Man* – o "ninguém, ao qual toda a nossa existência ... já se rendeu". "No início, eu não sou 'eu' no sentido do meu próprio eu. Para começo de conversa, ser é *Man* e tende a permanecer assim." Esse estado de "Ser como *das Man*" é, em sua essência, o estado da conformidade *an sich*, inconsciente de si mesma como conformidade (e que portanto não deve ser confundida com a escolha soberana da solidariedade). Na medida em que aparece sob o disfarce do *das Man*, o *Mitsein* ("Ser Com") é uma fatalidade, não um destino nem uma vocação. E assim é a conformidade com a rendição ao *das Man*: deve primeiro ser desmascarada como conformidade antes de ser rejeitada e combatida no ato crítico da autoafirmação, ou abraçada entusiasticamente como uma estratégia e um propósito de vida.

Por outro lado, ao insistir em sua "espontaneidade", Løgstrup sugere essa condição de "*an sich*" para as expressões de vida, reminiscente daquela do *Befindlichkeit* e do *Stimmung*. Ao mesmo tempo, contudo, parece identificar a expressão soberana da vida com a *rejeição* daquela conformidade "primeva", "naturalmente dada" (ele tem fortes objeções à "absorção" das expressões soberanas pela conformidade, sua "submersão numa vida em que um indivíduo imita outro"), embora não identificasse nenhuma delas com o ato original da autoemancipação, da ruptura do escudo protetor da condição *an sich*. Løgstrup insiste que "não é precipitado concluir que a expressão soberana da vida vai prevalecer".[10]

A expressão soberana tem um adversário poderoso – a expressão "constrangida", induzida externamente e portanto heterônoma em vez de autônoma, ou ainda (numa interpretação provavelmente mais afinada com a intenção de Løgstrup) uma expressão cujos motivos (já representados, ou melhor, desvirtuados, como *causas*) se projetam sobre os agentes externos.

Exemplos da expressão "constrangida" são designados como ofensa, ciúme e inveja. Em cada caso, um traço marcante da conduta é o autoengano destinado a ocultar as fontes genuínas da ação. Por exemplo, o indivíduo "tem uma opinião muito elevada de si mesmo para tolerar a ideia de ter agido erradamente, e assim apela à ofensa para desviar a atenção de seu próprio deslize, o que consegue identificando-se com a parte prejudicada … Obtendo-se satisfação em ser a parte prejudicada, deve-se inventar erros para alimentar a autocondescendência."[11] A natureza autônoma da ação é, portanto, suprimida – é *a outra parte*, acusada da má conduta original, do delito que deu origem a tudo, apresentada como o verdadeiro ator do drama. O eu permanece, assim, totalmente do lado receptor. *Sofre as ações dos outros* em vez de ser um ator por direito próprio.

Uma vez abraçada, tal visão parece propelir-se e reforçar-se por si mesma. Para manter a credibilidade, o ultraje imputado à outra parte deve ser mais assustador e acima de tudo menos curável ou redimível, e os consequentes sofrimentos das vítimas devem ser declarados ainda mais abomináveis e dolorosos, de modo que a vítima autodeclarada possa prosseguir justificando medidas cada vez mais duras "em justa resposta" à ofensa cometida ou "em defesa" contra ofensas ainda por cometer. As ações "constrangidas" precisam *negar* constantemente sua autonomia. É por essa razão que elas constituem o obstáculo mais radical à admissão da soberania do eu e a que este atue de maneira consoante com tal admissão.

A superação das restrições autoimpostas mediante o desmascaramento e a desvalidação do autoengano sobre o qual elas se baseiam emerge assim como condição preliminar e indispensável para dar asas à expressão soberana da vida – uma expressão que se manifesta, em primeiro lugar e acima de tudo, na confiança, na misericórdia e na compaixão.

Durante a maior parte da história humana, a "imediação da presença" se superpôs à potencial e viável "imediação da ação".
Nossos ancestrais dispunham de poucos instrumentos (se é que chegavam a dispor de algum) que os capacitassem a agir efetivamente a grande distância, – mas dificilmente se expunham à visão de um sofrimento humano que fosse distante demais para ser alcançado pelos instrumentos de que dispunham. A totalidade das escolhas morais com que nossos ancestrais se confrontavam poderia ser quase totalmente encerrada dentro do espaço limitado da imediação, dos encontros face a face e da interação. A escolha entre o bem e o mal, quando enfrentada, podia assim ser inspirada, influenciada e, em princípio, até mesmo controlada pela "expressão soberana da vida".

Hoje em dia, porém, o silêncio do mandado ético é mais ensurdecedor que nunca. Esse mandado instiga e dirige secretamente as "expressões soberanas da vida". Mas ainda que elas tenham mantido sua imediação, os objetos que as desencadeiam e atraem navegaram para longe, muito além do espaço da proximidade/imediação. Somando-se ao que podemos ver a olho nu (sem ajuda) em nossa vizinhança imediata, agora estamos expostos diariamente ao conhecimento "mediado" da miséria e da crueldade *distantes*. Todos agora temos tele*visão*; mas poucos de nós têm acesso aos meios de tele*ação*.

Se a miséria que podíamos não apenas ver, mas também mitigar ou curar, nos lançasse numa situação de escolha moral capaz de ser administrada pela "expressão soberana da vida" (mesmo que isso fosse dolorosamente difícil), o fosso crescente entre aquilo de que (indiretamente) nos tornamos conscientes e aquilo que podemos (diretamente) influenciar eleva a incerteza que acompanha todas as escolhas morais a alturas sem precedentes, nas quais nossos dotes éticos não estão acostumados e talvez nunca sejam capazes de operar.

A partir dessa dolorosa percepção de impotência, talvez insuportável, ficamos tentados a correr em busca de abrigo. A tentação de converter em "inatingível" o que é "difícil de administrar" é constante, e crescente...

"Quanto mais nos destacamos de nossas vizinhanças imediatas, mais dependemos da vigilância desse ambiente ... Os lares de muitas áreas urbanas do mundo agora existem para proteger seus habitantes, não para integrar as pessoas a suas comunidades", observam Gumpert e Drucker.[12]

"À medida que os moradores ampliam seus espaços de comunicação para a esfera internacional, simultaneamente conduzem suas casas para longe da vida pública por meio de infraestruturas de segurança cada vez mais 'inteligentes'", comentam Graham e Marvin.[13] "Virtualmente todas as cidades do mundo começam a apresentar espaços e zonas poderosamente conectadas a outros espaços 'valorizados', cruzando a paisagem urbana e as distâncias nacionais, internacionais e até mesmo globais. Ao mesmo tempo, porém, muitas vezes há em tais lugares um palpável e crescente senso de desconexão local em relação a áreas e pessoas fisicamente próximas, mas social e economicamente distantes."[14]

O produto excedente da nova extraterritorialidade-mediante-a-conectividade dos espaços urbanos privilegiados, habitados e usados pela elite global são as áreas desconectadas e abandonadas – as "alas fantasmas" de Michael Schwarzer, onde "os sonhos foram substituídos por pesadelos e o perigo e a violência são mais banais do que em outros lugares".[15] Para manter as distâncias intransponíveis e afastar os perigos de vazamento e contaminação da pureza regional, os instrumentos acessíveis são impor a tolerância zero e exilar os sem-teto dos espaços em que podem ganhar a vida (mas nos quais também se fazem atrevida e exasperantemente visíveis) para outros, afastados, nos quais não podem fazer nem uma coisa nem outra.

Tal como sugerido pela primeira vez por Manuel Castells, há uma crescente polarização e uma ruptura de comunicação ainda mais completa entre os mundos em que vivem as duas categorias de residentes urbanos:

> O espaço da camada superior é geralmente conectado à comunicação global e a uma ampla rede de intercâmbio, aberta a mensagens e experiências que abrangem o mundo inteiro. Na outra extremidade do espectro, redes locais segmentadas, frequentemente de base étnica, apoiam-se em sua identidade como o mais valioso recurso para defender seus interesses e, em última instância, o seu ser.[16]

A imagem que emerge dessa descrição é de dois mundos segregados e distintos. Só o segundo deles é territorialmente circunscrito e pode ser capturado nas malhas das noções geográficas ortodoxas, mundanas e terra a terra. Os que vivem no primeiro desses dois mundos podem estar, como os outros, "*no* lugar", mas não são "*do* lugar" – decerto não espiritualmente, mas com muita frequência tampouco fisicamente, quando é seu desejo.

As pessoas da "camada superior" não pertencem ao lugar que habitam, pois suas preocupações se situam (ou melhor, flutuam) alhures. Pode-se imaginar que, além de serem deixadas sós e portanto livres para se dedicarem totalmente a seus passatempos, e tendo assegurados os serviços necessários para suas necessidades e confortos do dia a dia (como quer que os definam), elas não têm outros interesses na cidade em que se localizam as suas residências.

Sobre a dificuldade de amar o próximo   123

A população urbana não é – como costumava ser para os proprietários de fábricas e os comerciantes de artigos de consumo e de ideias de outrora – seu campo de pastagem, a fonte de sua riqueza ou um bem sob sua custódia, cuidado e responsabilidade. Portanto eles estão, em conjunto, *despreocupados* em relação aos assuntos da "sua" cidade, apenas uma localidade entre muitas, todas elas pequenas e insignificantes do ponto de vista do ciberespaço – seu lar genuíno, ainda que virtual.

O mundo em que vive a outra camada de moradores da cidade, "inferior", é o exato oposto do primeiro. Define-se sobretudo por ser isolado daquela rede mundial de comunicação pela qual as pessoas da "camada superior" se conectam e com a qual suas vidas se sintonizam. Os habitantes urbanos da camada inferior estão "condenados a permanecerem locais" – e portanto se espera, e deve-se esperar, que sua atenção, repleta de descontentamentos, sonhos e esperanças, se concentre nos "assuntos locais". Para eles, é dentro da cidade que habitam que a batalha pela sobrevivência e por um lugar decente no mundo é desencadeada, travada, por vezes ganha, mas geralmente perdida.

O desligamento da nova elite global em relação a seus antigos engajamentos com o *populus* local e o crescente hiato entre os espaços vivos/vividos dos que se separaram e dos que foram deixados para trás é comprovadamente o mais seminal de todos os afastamentos sociais, culturais e políticos associados à passagem do estado "sólido" para o estado "líquido" da modernidade.

Há muita verdade, e nada além da verdade, no quadro acima esboçado. Mas não toda a verdade.

Das partes da verdade que estão faltando ou foram subestimadas, a principal é aquela que, mais que qualquer outra, responde pela característica mais vital (e provavelmente mais influente a longo prazo) da vida urbana contemporânea: a íntima interação entre as pressões globalizantes e o modo como as identidades locais são negociadas, construídas e reconstruídas.

É um erro grave localizar os aspectos "globais" e "locais" das condições de existência e da política de vida contemporâneas em duas esferas distintas que só se comunicam marginal e ocasionalmente, como a opção por sair, feita pela "camada superior", em última análise indicaria. Em estudo recentemente publicado, Michael Peter Smith desaprova a visão (sugerida, em sua opinião, por David Harvey ou John Friedman, entre outros) que opõe "uma lógica dinâmica, mas desenraizada, dos fluxos econômicos globais [a] uma imagem estática do lugar e da cultura local", agora "valorizados" como o "*locus* da existência" do "estar no mundo".[17] Na opinião do próprio Smith, "longe de refletir uma estática ontologia do 'ser' ou da 'comunidade', as localidades são construções dinâmicas 'em formação'".

Com efeito, a linha que estabelece a separação entre o espaço abstrato ("algum lugar em lugar nenhum") dos operadores globais e o espaço a nosso alcance, polpudo, tangível, sumamente "aqui e agora" dos habitantes "locais", só pode ser traçada com facilidade no mundo etéreo da teoria. Nele, os conteúdos emaranhados e entrelaçados dos mundos humanos são, primeiramente "esticados" e, em seguida, organizados e armazenados, cada qual no seu próprio compartimento, em benefício da inteligibilidade. As realidades da vida urbana, porém, destroem essas divisões nítidas. Os elegantes modelos de vida na cidade e as oposições agudas exibidas na sua construção podem proporcionar grande satisfação intelectual aos formuladores de teorias, mas pouca orientação prática aos planejadores urbanos, e ainda menos apoio aos habitantes das cidades em sua luta contra os desafios de viver nelas.

Os verdadeiros poderes que moldam as condições sob as quais todos nós agimos hoje em dia fluem num espaço global, enquanto nossas instituições de ação política permanecem, em seu conjunto, presas ao chão; elas são, tal como antes, locais.

Por continuarem principalmente locais, as agências políticas que operam no espaço urbano tendem, fatalmente, a ser atormentadas por uma insuficiência de poder de ação, e particularmente de ação efetiva e soberana, no palco em que se desenrola o drama da política. Outro resultado, porém, é a escassez de política no ciberespaço extraterritorial, o playground dos poderes.

Em nosso mundo globalizante, a política tende a ser crescente, apaixonada e conscientemente *local*. Despejada do ciberespaço, ou tendo o acesso a ele negado, a política recua e repercute sobre os assuntos que estão "ao alcance", sobre questões locais e relações de vizinhança. Para a maioria de nós, durante a maior parte do tempo, esses parecem ser *os únicos* temas em relação aos quais podemos "fazer alguma coisa", influenciar, corrigir, aperfeiçoar, redirecionar. É somente nas questões locais que nossa ação ou inação "faz diferença", enquanto para as outras, reconhecidamente supralocais, "não há alternativa" (ou pelo menos é o que repetem nossos líderes políticos e todas as "pessoas que estão por dentro"). Chegamos a suspeitar que, dados os meios e recursos miseravelmente inadequados de que dispomos, as coisas assumirão seu próprio curso independente daquilo que fazemos ou poderíamos, com sensatez, imaginar fazer.

Mesmo assuntos com fontes e causas indubitavelmente globais, remotas e recônditas só ingressam no domínio das preocupações políticas por meio de suas ramificações e repercussões locais. A poluição do ar ou dos suprimentos de água transforma-se em assunto *político* quando um aterro de lixo tóxico é instalado na porta ao lado, no "nosso jardim", numa proximidade de nossa casa que é, ao mesmo tempo, de uma intimidade assustadora e estimulantemente "a nosso alcance". A comercialização progressiva dos temas de saúde, obviamente um efeito da desabrida caça aos lucros empreendida pelos gigantes farmacêuticos supranacionais, entra no panorama político quando se derruba um posto de saúde ou quando os asilos param e sanatórios locais são desativados. Quem teve de lidar com os danos causados pelo terrorismo global foram os moradores de uma cidade, Nova Iorque, assim como foram as câmaras e prefeitos de outras cidades que tiveram de assumir a responsabilidade pela proteção da segurança individual de seus habitantes, vista agora como vulnerável diante de forças entrincheiradas muito além do alcance de qualquer municipalidade. A devastação global dos modos de subsistência e o desarraigamento de populações há muito estabelecidas entram no horizonte da ação política por meio de pitorescos "migrantes econômicos" entupindo ruas que antes pareciam tão uniformes...

Para resumir uma longa história: *as cidades se tornaram depósitos de lixo para problemas gerados globalmente*. Os moradores das cidades e seus representantes eleitos tendem a ser confrontados com uma tarefa que nem por exagero de imaginação seriam capazes de cumprir: a de encontrar soluções locais para contradições globais.

Daí o paradoxo, observado por Castells, de "políticas cada vez mais locais num mundo estruturado por processos cada vez mais globais". "Houve uma produção de significado e de identidade: meu bairro, minha comunidade, minha cidade, minha escola, minha árvore, meu rio, minha praia, minha capela, minha paz, meu meio ambiente." "Indefesas diante do furacão global, as pessoas se agarraram a si mesmas."[18] Observe-se que, quanto mais estiverem "agarradas a si mesmas", mais indefesas tenderão a ficar "diante do furacão global", assim como mais desamparadas ao determinarem os significados e identidades locais, e portanto ostensivamente seus – para grande alegria dos operadores globais, que não têm motivos para temer os indefesos.

Como Castells insinua em outro texto, a criação do "espaço dos fluxos" estabelece uma nova hierarquia (global) de dominação mediante a ameaça de desengajamento. O "espaço dos fluxos" pode "escapar ao controle de qualquer localidade", enquanto (e porque!) "o espaço dos lugares é fragmentado, localizado, e portanto crescentemente destituído de poder diante da versatilidade do espaço dos fluxos. A única chance de resistência das localidades consiste em recusar direitos de propriedade a esses fluxos esmagadores – apenas para vê-los atracar na localidade vizinha, provocando o desvio e a marginalização de comunidades rebeldes".[19]

A política local – e em particular a política urbana – tornou-se desesperadamente sobrecarregada, muito além de sua capacidade de carga/desempenho. Agora espera-se que alivie as consequências da globalização descontrolada usando meios e recursos que essa mesmíssima globalização tornou lamentavelmente inadequados.

Em nosso mundo em rápido processo de globalização, ninguém é um "operador global" puro e simples. O máximo que os membros da elite internacional globalmente influente podem conseguir é ampliar sua esfera de mobilidade.

Se as coisas se tornam desconfortavelmente quentes e o espaço em torno de suas residências urbanas se mostra muito perigoso e difícil de administrar, eles podem se mudar para outro lugar – opção de que não dispõem seus vizinhos (fisicamente) próximos. Essa opção de escapar aos desconfortos locais lhes dá uma independência com que os outros podem apenas sonhar, assim como o luxo de uma indiferença arrogante que estes não se podem permitir. Seu compromisso de "colocar em ordem os assuntos da cidade" tende a ser consideravelmente menos integral e incondicional que o compromisso daqueles que têm menos liberdade para romper os vínculos locais de modo unilateral.

Mas isso não significa que, na busca pelo "sentido e identidade" de que eles necessitam e anseiam de modo não menos intenso do que as outras pessoas, os membros da elite globalmente conectada possam desconsiderar o lugar em que vivem e trabalham. Como todos os outros homens e mulheres, eles são parte da paisagem humana, e nela estão registradas as suas vacilantes aspirações existenciais. Como operadores globais, podem perambular pelo ciberespaço. Mas como agentes humanos estão, dia após dia, confinados ao espaço físico em que operam, ao ambiente preestabelecido e continuamente reprocessado no curso de suas lutas por sentido e identidade. A experiência humana é formada e compilada, a partilha da vida é administrada, seu significado é concebido, absorvido e negociado em torno de *lugares*. E é *nos lugares* e *a partir deles* que os impulsos e desejos humanos são gerados e incubados, que vivem na esperança de se realizarem, que se arriscam a se frustrar e, na verdade, com muita frequência, se frustram.

As cidades contemporâneas são campos de batalha em que os poderes globais e os significados e identidades obstinadamente locais se encontram, se chocam, lutam e buscam um acordo que se mostre satisfatório ou pelo menos tolerável – um modo de coabitação que encerre a esperança de uma paz duradoura, mas que, em geral, se revela um simples armistício, um intervalo para reparar as defesas avariadas e redistribuir as unidades de combate. É esse confronto, e não algum fator singular, que coloca em movimento e orienta a dinâmica da cidade "líquido-moderna".

E que não haja equívocos: *qualquer* cidade, ainda que nem todas no mesmo grau. Em recente viagem a Copenhague, Michael Peter Smith registrou que, em apenas uma hora de caminhada, passou "por pequenos grupos de imigrantes turcos, africanos e do Oriente Médio", observou "diversas mulheres árabes com e sem véu", leu "anúncios em várias línguas não europeias" e teve "uma conversa interessante com um *barman* irlandês, num *pub* inglês, em frente ao jardim Tivoli."[20] Essas experiências de campo se mostraram valiosas, diz Smith, na palestra sobre conexões transnacionais que ele apresentou naquela cidade na mesma semana, "quando um debatedor insistiu em afirmar que o transnacionalismo era um fenômeno que podia ser aplicado a 'cidades globais', como Nova Iorque ou Londres, mas tinha pouca importância em lugares mais isolados como Copenhague".

A história recente das cidades norte-americanas está cheia de viradas de 180 graus – mas ela é plenamente caracterizada pelas preocupações com proteção e segurança.

O que aprendemos, por exemplo, com o estudo de John Hannigan[21] é que na segunda metade do século XX um súbito horror ao crime oculto nas esquinas sombrias das áreas centrais tomou de assalto os habitantes das regiões metropolitanas dos Estados Unidos, provocando uma "fuga branca" dos centros das cidades – embora poucos anos antes essas mesmas áreas tivessem se tornado ímãs poderosos para multidões ávidas por divertimento de massa, que só essas zonas, e não outras menos densamente povoadas, podiam oferecer.

Não importa se o medo do crime tinha bases sólidas ou se o súbito crescimento da criminalidade foi um produto de imaginações febris – o resultado foram áreas centrais desertas e abandonadas, "um número decrescente de pessoas em busca de prazeres e uma percepção cada vez maior das cidades como

Sobre a dificuldade de amar o próximo 129

locais perigosos". Sobre uma dessas cidades, Detroit, outro autor observou, em 1989, que "as ruas ficam tão desertas depois de escurecer que parece uma cidade fantasma – tal como Washington, a capital federal".[22]

Hannigan descobriu que uma tendência oposta teve início perto do final do século. Depois dos muitos anos de vacas magras, marcados pelo medo de sair à noite e pela "desertificação" que isso provocou, as autoridades urbanas dos Estados Unidos uniram-se a patrocinadores no esforço de tornar o centro das cidades novamente alegres, uma atração irresistível para farristas em potencial, com "a diversão retornando às áreas centrais" e "visitantes diurnos" ["*day-trippers*"] sendo novamente arrastados para elas, na esperança de encontrar alguma coisa "excitante, segura e inexistente nos subúrbios".[23]

Reconhecidamente, essas mudanças drásticas e neuróticas podem ser mais evidentes e abruptas nas cidades norte-americanas, com seus antigos antagonismos e inimizades raciais – geralmente encobertos, mas capazes de explodir ocasionalmente – do que em outros lugares, onde esses conflitos e preconceitos acrescentam pouco ou nenhum combustível à incerteza e à confusão latentes. De forma um pouco mais suave e atenuada, porém, a ambivalência da atração e repulsa e a oscilação entre paixão e aversão à vida nos grandes centros urbanos também assinalam a história recente de muitas cidades europeias, talvez da maioria delas.

Cidade e mudança social são quase sinônimos. A mudança é a condição de vida e o modo de existência urbanos. Mudança e cidade podem, e com certeza devem, ser definidas por referência mútua. Mas por que *é* assim? Por que *tem de ser* assim?

É comum definir as cidades como lugares onde estranhos se encontram, permanecem próximos uns dos outros e interagem por longo tempo sem deixarem de ser estranhos. Examinando o papel das cidades no desenvolvimento econômico, Jane Jacobs aponta a mera densidade da comunicação humana como a causa principal dessa inquietação própria do meio urbano.[24] Os habitantes das cidades não são necessariamente mais inteligentes que outros seres humanos, mas a densidade da ocupação espacial resulta na concentração de necessidades. Assim, nas cidades se fazem perguntas que nunca foram feitas, surgem problemas que em outras condições as pessoas nunca tiveram oportunidade de resolver. Encarar problemas e questionar trazem um desafio e ampliam a inventividade humana a um nível sem precedentes. Isso, por sua vez, oferece uma oportunidade tentadora para quem vive em lugares mais tranquilos, porém menos promissores. A vida urbana exerce uma atração constante sobre as pessoas de fora, e estas têm como marca registrada o fato de trazerem "novas maneiras de ver as coisas e talvez de resolver antigos problemas". As pessoas de fora são estranhas à cidade, e coisas familiares aos moradores antigos e já estabelecidos, coisas que eles sequer notam, parecem bizarras e exigem explicação quando vistas pelos olhos de um estranho. Para este, particularmente quando recém-chegado, nada na cidade é "natural", nada pode ser pressuposto. Os recém-chegados são inimigos da tranquilidade e da autocondescendência.

Essa talvez não seja uma situação agradável para os nativos da cidade, mas é também sua grande vantagem. A cidade está em sua melhor forma, mais exuberante e generosa em termos das oportunidades que oferece quando seus recursos são desafiados, questionados e postos contra a parede. Michael Storper, economista, geógrafo e projetista,[25] atribui a vivacidade intrínseca e a criatividade típica da densa vida urbana à incerteza que advém dos relacionamentos pouco coordenados e eternamente mutáveis "entre as peças das organizações complexas, entre os indivíduos e entre estes e as organizações" – inevitáveis sob as condições urbanas de alta densidade e estreita proximidade.

Os estranhos não são uma invenção moderna, mas aqueles que permanecem estranhos por um longo período, ou mesmo perpetuamente, são. Numa típica cidade ou aldeia pré-moderna, não era permitido permanecer estranho por muito tempo. Alguns eram expulsos, ou nem chegavam a obter permissão para entrar. Os que desejavam e conseguiam entrar e permanecer por mais tempo tendiam a ser "familiarizados" – submetidos a interrogatórios minuciosos e rapidamente "domesticados" – de modo que pudessem integrar a rede de relacionamentos como se fossem moradores estabelecidos: no esquema *pessoal*. Isso tinha consequências – marcadamente diferentes do processo que nos é familiar a partir da experiência das cidades contemporâneas, modernas, congestionadas e densamente povoadas.

Qualquer que seja a história das cidades, e independentemente das drásticas mudanças que possam ter afetado sua estrutura espacial, aparência e estilo ao longo dos anos e dos séculos, uma característica se mantém constante: são espaços em que estranhos permanecem e se movimentam em íntima e recíproca proximidade.

Sendo um componente permanente da vida urbana, a presença perpétua e ubíqua de estranhos visíveis e próximos aumenta em grande medida a eterna incerteza das buscas existenciais de todos os habitantes. Essa presença, impossível de se evitar senão por breves momentos, é uma fonte de ansiedade inesgotável, assim como de uma agressividade geralmente adormecida, mas que volta e meia pode emergir.

O medo do desconhecido, mesmo se subliminar, busca desesperadamente escoadouros confiáveis. As ansiedades acumuladas tendem a ser descarregadas sobre os "forasteiros", eleitos para exemplificar a "estranheza", a falta de familiaridade, a opacidade do ambiente de vida, a imprecisão do risco e da ameaça em si. Quando se expulsa das casas e das lojas uma categoria selecionada de "forasteiros", o fantasma atemorizante da incerteza é exorcizado por algum tempo – queima-se simbolicamente o monstro assustador da insegurança. Cercas cuidadosamente erguidas contra aqueles que se fazem passar por pessoas "em busca de asilo" e migrantes "meramente econômicos" trazem a esperança de fortalecer uma existência incerta, errática e imprevisível. Mas a líquida vida moderna tende a permanecer inconsistente e caprichosa, sejam quais forem os apuros infligidos aos "forasteiros indesejáveis", e portanto o alívio é momentâneo, e as esperanças investidas nas "medidas duras e decisivas" se desvanecem tão logo se apresentam.

O estranho é, por definição, um agente movido por intenções que na melhor das hipóteses se poderia adivinhar, mas nunca saber com certeza. O estranho é a variável desconhecida em todas as equações calculadas quando se tomam decisões sobre o que fazer e como se comportar. E assim, mesmo que não se tornem objetos de agressão ostensiva nem sejam aberta e ativamente ofendidos, a presença de estranhos dentro do campo de ação permanece desconfortável, na medida em que dificulta a tarefa de predizer os efeitos do procedimento e suas chances de sucesso ou fracasso.

Compartilhar o espaço com estranhos, viver na sua proximidade repugnante e impertinente, é uma condição da qual os habitantes das cidades consideram difícil, talvez impossível escapar. A proximidade de estranhos é sua sina, e faz-se necessário experimentar, tentar, testar e (espera-se) encontrar um *modus vivendi* que torne a coabitação palatável e a vida suportável. Essa necessidade é "dada", não negociável. Mas o modo como os habitantes de cada cidade se conduzem para satisfazê-la é questão de escolha. E esta é feita diariamente – por ação ou omissão, desígnio ou descuido.

Sobre São Paulo, a maior cidade do Brasil, caótica e em rápida expansão, escreve Teresa Caldeira: "São Paulo é hoje uma cidade de muros. Barreiras físicas foram construídas em toda parte – em torno de casas, prédios, parques, praças, escolas e complexos empresariais… Uma nova estética da segurança modela todos os tipos de construções e impõe uma nova lógica de vigilância e distância…"[26]

Os que podem, vivem em "condomínios", planejados como se fosse uma ermida: fisicamente dentro, mas social e espiritualmente fora da cidade. "Supõe-se que as comunidades fechadas sejam mundos distintos. Nas propagandas que os anunciam propõe-se um 'modo de vida completo' que representaria uma alternativa à qualidade de vida oferecida pela cidade e seu espaço público deteriorado." Um traço muito importante do condomínio é seu "isolamento e distância da cidade … Isolamento significa separação daqueles considerados socialmente inferiores" e, como insistem os construtores e seus agentes imobiliários, "o fator-chave para garanti-lo é a segurança. Isso significa cercas e muros rodeando o condomínio, guardas trabalhando 24 horas por dia no controle das entradas e um conjunto de instalações e serviços destinados a manter os outros do lado de fora".

Como todos sabemos, as cercas têm necessariamente dois lados. Dividem espaços, que sob outros aspectos seriam uniformes, em "dentro" e "fora"; mas o que é "dentro" para os que estão de um lado é "fora" para os que estão do outro. Os moradores dos condomínios cercam-se para ficar "fora" da excludente, desconfortável, vagamente ameaçadora e dura vida da cidade – e "dentro" do oásis de calma e segurança. Pelo mesmo viés, contudo, eles cercam todos os outros fora dos lugares decentes e seguros cujos padrões estão preparados e determinados a manter e defender com unhas e dentes, e dentro das mesmíssimas ruas sujas e esquálidas das quais tentam, a todo custo, cercar-se. A cerca separa o "gueto voluntário" dos ricos e poderosos dos muitos guetos forçados que os despossuídos habitam. Para estes, a área a que estão confinados (por serem excluídos de todas as outras) é o espaço do qual "não têm permissão de sair".

Em São Paulo, a tendência segregacionista e exclusivista se apresenta da forma mais brutal, inescrupulosa e desavergonhada. Mas pode-se sentir seu impacto, embora de maneira um tanto atenuada, na maioria das metrópoles.

Paradoxalmente, cidades construídas originalmente para oferecer segurança a seus habitantes são hoje associadas com maior frequência ao perigo. Como diz Nan Elin, "o fator medo [na construção e reconstrução das cidades] certamente aumentou, como se pode depreender da proliferação dos sistemas de segurança e das trancas para carros e residências, da popularidade de comunidades 'fechadas' e 'seguras' para grupos de todas as faixas etárias e de renda, e da crescente vigilância dos espaços públicos, sem falar nos infindáveis relatos de perigo transmitidos pelos meios de comunicação".[27]

Ameaças ao corpo e à propriedade do indivíduo, reais ou supostas, estão se transformando rapidamente em considerações importantes quando se avaliam os méritos ou desvantagens de um lugar para se viver. Também se tornaram prioridade na política de marketing das imobiliárias. A incerteza em relação ao futuro, a fragilidade da posição social e a insegurança existencial – ubíquos acessórios da vida na "líquida modernidade" de um mundo notoriamente enraizado em lugares remotos e retirados do controle individual – tendem a se concentrar nos alvos mais próximos e a serem canalizadas para as preocupações com a segurança individual. Os tipos de preocupação que se condensam em impulsos segregacionistas/exclusivistas levam inexoravelmente a guerras pelo espaço urbano.

Como se pode aprender com o estudo perspicaz de Steven Flusty,[28] jovem crítico norte-americano de arquitetura/urbanismo, servir nessa guerra, e particularmente planejar maneiras de impedir os adversários – atuais, potenciais e supostos – de terem acesso ao espaço reclamado, mantendo-os a uma distância segura, constitui a preocupação que se expande com maior amplitude e rapidez na área da inovação arquitetônica e do desenvolvimento urbano nas cidades norte-americanas. As novas construções, anunciadas com maior orgulho e as mais imitadas, são "espaços interditados" – "planejados para interceptar, repelir ou filtrar os usuários potenciais". Explicitamente, o propósito dos "espaços interditados" é dividir, segregar e excluir – e não construir pontes, passagens acessíveis e locais de encontro, facilitar a comunicação ou, de alguma outra forma, aproximar os habitantes da cidade.

As invenções arquitetônicas/urbanísticas reconhecidas, enumeradas e especificadas por Flusty são os equivalentes tecnicamente atualizados dos fossos, torreões e canhoneiras das muralhas que cercavam as cidadelas pré-modernas. Mas, em vez de defender a cidade e todos os seus habitantes do inimigo externo, foram erigidas para separá-los e defendê-los uns dos outros, agora na condição de adversários. Entre as invenções relacionadas por Flusty estão o "espaço resvaladiço", "que não pode ser alcançado graças a formas de acesso retorcidas, retrácteis ou

Sobre a dificuldade de amar o próximo 135

inexistentes"; o "espaço espinhoso", "que não pode ser ocupado confortavelmente, já que é defendido por detalhes como aspersores embutidos nas paredes, destinados a afastar ociosos, ou saliências espalhadas para evitar que as pessoas possam sentar-se"; e o "espaço nervoso", "que não pode ser utilizado sem o monitoramento ativo de patrulhas móveis e/ou dispositivos de controle remoto conectados a centrais de segurança". Esses e outros tipos de "espaços interditados" têm apenas um, embora múltiplo, propósito: separar os enclaves extraterritoriais da área urbana contígua, erigir pequenas fortalezas dentro das quais os membros da elite supraterritorial global possam tratar, cultivar e apreciar sua independência física e seu isolamento espiritual em relação à localidade. Na paisagem urbana, os "espaços interditados" se tornam marcos de *desintegração* da vida comunal compartilhada e localmente ancorada.

Os desenvolvimentos descritos por Steven Flusty são manifestações *high-tech* de uma visível *mixofobia*.

A mixofobia é uma reação altamente previsível e difundida entre os diversos tipos humanos e estilos de vida capazes de confundir a mente, provocar calafrios e colapsos nervosos, de que estão repletas as ruas das cidades contemporâneas, assim como seus distritos residenciais mais "comuns" (leia-se: não protegidos por "espaços interditados"). Conforme a polifonia e a diversificação cultural do ambiente urbano na era da globalização entram em cena – com a probabilidade de se intensificarem no curso do tempo –, as tensões oriundas da exasperante/confusa/irritante estranheza desse cenário provavelmente continuarão a estimular impulsos segregacionistas.

Expressar tais impulsos pode (de modo temporário, mas repetido) aliviar tensões crescentes. Isso oferece uma esperança: diferenças excludentes e desconcertantes podem ser incontestáveis e refratárias, mas talvez seja possível extrair o veneno do ferrão atribuindo a cada forma de vida um espaço físico distinto, ao mesmo tempo inclusivo e excludente, bem demarcado e protegido. Evitando-se essa solução radical, talvez se possa pelo menos assegurar para si mesmo, para os amigos, parentes e outras "pessoas como nós", um território livre daquela miscelânea que irremediavelmente aflige outras áreas urbanas. A mixofobia se manifesta no impulso que conduz a ilhas de semelhança e mesmidade em meio a um oceano de variedade e diferença.

As raízes da mixofobia são banais – nem um pouco difíceis de localizar, fáceis de compreender, embora não necessariamente de perdoar. Como indica Richard Sennett, "o sentimento 'nós', que expressa um desejo de ser semelhante, é uma forma de os homens evitarem a necessidade de examinarem uns aos outros com maior profundidade". Ele promete, pode-se dizer, algum conforto espiritual: a perspectiva de tornar o convívio algo mais fácil de suportar, cortando-se o esforço de compreender, negociar, comprometer-se, exigido quando se vive com a diferença e em meio a ela. "O desejo de evitar a participação real é inato ao processo de formar uma imagem coerente da comunidade. Sentir que existem vínculos comuns sem uma experiência comum ocorre, em primeiro lugar, porque os homens têm medo da participação, dos perigos e desafios que ela traz, de sua dor."[29]

O impulso na direção de uma "comunidade de semelhança" é um signo de recuo não apenas em relação à alteridade externa, mas também ao compromisso com a interação interna, ao mesmo tempo intensa e turbulenta, revigorante e embaraçosa. A atração de uma "comunidade da mesmidade" é a de segurança contra os riscos de que está repleta a vida cotidiana num mundo polifônico. Ela não reduz os riscos, muito menos os afasta. Como qualquer paliativo, promete apenas um abrigo em relação a alguns dos efeitos mais imediatos e temidos desses riscos.

Escolher escapar à opção apresentada pela mixofobia tem uma consequência insidiosa e deletéria: quanto mais ineficaz se mostra essa estratégia, mais ela se torna capaz de se perpetuar e se consolidar por si mesma. Sennett explica por que isso é – de fato, deve ser – assim: "Durante as duas últimas décadas, algumas cidades norte-americanas cresceram de tal maneira que as áreas étnicas se tornaram relativamente homogêneas. Não parece acidental que o medo do *outsider* tenha aumentado na mesma medida em que essas comunidades foram isoladas."[30] Quanto mais as pessoas permanecem num ambiente uniforme – na companhia de outras "como elas", com as quais podem "socializar-se" de modo superficial e prosaico sem o risco de serem mal compreendidas nem a irritante necessidade de tradução entre diferentes universos de significações –, mais tornam-se propensas a "desaprender" a arte de negociar um *modus covivendi* e significados compartilhados.

Já que esqueceram ou não se preocuparam em adquirir as habilidades necessárias para viver com a diferença, não surpreende muito que essas pessoas vejam com um horror crescente a possibilidade de se confrontarem face a face com estranhos. Estes tendem a parecer ainda mais assustadores na medida em que se tornam cada vez mais diferentes, exóticos e incompreensíveis, e em que o diálogo e a interação que poderiam acabar assimilando sua "alteridade" se diluem ou nem chegam a ter lugar. O impulso que conduz a um ambiente homogêneo e territorialmente isolado pode ser disparado pela mixofobia, mas *praticar* a separação territorial significa preservá-la e alimentá-la.

Mas a mixofobia não é o único combatente no campo de batalha urbano.

Viver na cidade é sabidamente uma experiência ambígua. A cidade atrai *e* repele, mas, para tornar a situação de seus habitantes ainda mais complexa, são os *mesmos* aspectos da vida urbana que, de modo intermitente ou simultâneo, atraem e repelem... A desordenada variedade do ambiente urbano é uma fonte de medo (particularmente para aqueles de nós que já "perderam os modos familiares", tendo sido atirados a um estado de incerteza aguda pelos processos desestabilizadores da globalização). Os mesmos bruxuleios e vislumbres caleidoscópicos do cenário urbano, a que nunca faltam novidades e surpresas, constituem, no entanto, seu charme quase irresistível e seu poder de sedução.

Confrontar o espetáculo incessante da cidade, com frequência deslumbrante, não é, portanto, vivenciado apenas como praga ou maldição – assim como abrigar-se dele não parece uma bênção inequívoca. A cidade favorece a mixofobia do mesmo modo e ao mesmo tempo que a *mixofilia*. A vida urbana é intrínseca e irreparavelmente *ambivalente*.

Quanto maior e mais heterogênea é a cidade, mais atrações ela pode promover e oferecer. A condensação maciça de estranhos é simultaneamente um repelente e um ímã poderoso, atraindo sempre novas coortes de homens e mulheres cansados da monotonia da vida no campo ou na cidade pequena, fartos de sua rotina repetitiva – e desencantados diante de sua desesperadora escassez de oportunidades. A variedade promete muitas e diversas oportunidades, que se ajustam a todas as habilidades e a todos os gostos. E assim, quanto maior a cidade, mais provável é que ela atraia um número crescente de pessoas que rejeitam – ou a quem foram recusadas – acomodação e oportunidades de vida em lugares menores e por isso menos tolerantes em relação a idiossincrasias e mais avarentos quanto às chances que oferecem. Parece que a mixofilia, tal como a mixofobia, é uma tendência capaz de impulsionar-se, difundir-se e fortalecer-se. Nenhuma das duas tem propensão a se exaurir ou a perder seu vigor no curso da renovação e reforma do espaço urbano.

Mixofobia e mixofilia coexistem em toda cidade, mas também dentro de cada um de seus habitantes. Trata-se reconhecidamente de uma coexistência problemática, cheia de som e fúria, embora signifique muito para as pessoas que se encontram na ponta receptiva da ambivalência líquido-moderna.

Como os estranhos são obrigados a levar suas vidas na companhia uns dos outros, independentemente das futuras guinadas da história urbana, a arte de viver em paz e feliz com a diferença, assim como de se beneficiar, serenamente, da variedade de estímulos e oportunidades, adquire enorme importância entre as habilidades que o morador da cidade deve adquirir e utilizar.

Mesmo que a erradicação total da mixofobia seja algo improvável, dada a crescente mobilidade humana na líquida era moderna, assim como a acelerada mudança de papéis, tramas e ambientes do cenário urbano, talvez se possa fazer alguma coisa para influenciar as proporções em que mixofobia e mixofilia se combinam, e assim reduzir o impacto da primeira, que confunde e tende a gerar ansiedade e angústia. Com efeito, parece que arquitetos e urbanistas poderiam ajudar muito no crescimento da mixofilia e minimizar as oportunidades de respostas mixofóbicas aos desafios da vida urbana. E parece haver muita coisa que eles podem fazer, e de fato estão fazendo, para facilitar os efeitos opostos.

Como vimos anteriormente, a segregação de áreas residenciais e de espaços frequentados pelo público, comercialmente atraente para os construtores e seus clientes como um remédio rápido para as ansiedades geradas pela mixofobia, é na verdade a sua principal causa. As soluções disponíveis geram, por assim dizer, os problemas que pretendem resolver: os construtores de comunidades fechadas e condomínios estritamente protegidos, assim como os arquitetos responsáveis pelos "espaços interditados", criam, reproduzem e intensificam a necessidade e a demanda que supostamente satisfariam.

A paranoia mixofóbica alimenta-se e atua como uma profecia autorrealizadora. Se a segregação é oferecida e assumida como a cura radical para o perigo representado pelos estranhos, a coabitação com estes torna-se mais difícil a cada dia. Homogeneizar os bairros residenciais e depois reduzir a um mínimo inevitável todo o comércio e a comunicação entre eles é uma receita certa para tornar mais intenso e profundo o estímulo a destruir e segregar. Essa medida pode ajudar a diminuir as dores que sofrem as pessoas afligidas pela mixofobia, mas a cura é ela própria patogênica e aprofunda a aflição, de modo que novas e maiores doses do remédio tornam-se necessárias para manter a dor num nível toleravelmente baixo. A homogeneidade social do espaço, enfatizada e fortalecida pela segregação espacial, reduz a tolerância de seus moradores à diferença e assim multiplica as possibilidades de reações mixofóbicas, fazendo a vida urbana parecer mais "propensa ao risco" e portanto mais angustiante, em lugar de mais segura, agradável e fácil de levar.

Mais favorável à fixação e ao cultivo de sentimentos mixófilos seria a estratégia oposta por parte de arquitetos e urbanistas:

a propagação de espaços públicos abertos, convidativos e hospitaleiros que todas as categorias de moradores seriam tentadas a frequentar e estariam prontas a compartilhar, de modo regular e consciente.

Conforme a famosa observação de Hans Gadamer em seu livro *Verdade e método*, a compreensão mútua é instigada pela "fusão de horizontes" – quer dizer, horizontes cognitivos, induzidos e ampliados no curso da acumulação da experiência de vida. A "fusão" exigida pela compreensão mútua só pode ser o resultado da experiência compartilhada, e esta é inconcebível sem que haja um espaço compartilhado.

Como que fornecendo uma poderosa prova empírica da hipótese de Gadamer, descobriu-se que os espaços reservados para encontros face a face – ou apenas para compartilhar o espaço, "misturar-se com", curtir juntos, jantar nos mesmos restaurantes ou beber nos mesmos bares – dos homens de negócios e outros membros da elite internacional ou "da classe dominante global" emergente quando estão viajando (lugares como as redes mundiais de hotéis e os centros de conferência supranacionais), desempenham um papel crucial na integração dessa elite, a despeito de diferenças culturais, linguísticas, religiosas, ideológicas e outras que, em situações diversas, separam-na e evitam que se desenvolva o sentimento de "pertencimento compartilhado".[31]

Com efeito, o desenvolvimento da compreensão mútua e a troca de experiências de vida de que essa compreensão necessita é a única razão pela qual – apesar da facilidade de se comunicar eletronicamente com maior rapidez e muito menos trabalho e problemas – empresários e acadêmicos continuam viajando, visitando-se e se encontrando em conferências. Se a comunicação pudesse ser reduzida à transferência de informação, sem necessidade da "fusão de horizontes", então, em nossa era da internet e da rede mundial, o contato físico e o compartilhamento (mesmo que temporário e intermitente) de espaço e experiências teriam se tornado redundantes. Mas não se tornaram, e até agora nada indica que isso ocorrerá.

Há coisas que os arquitetos e urbanistas podem fazer para que a balança entre mixofobia e mixofilia possa vir a pender em favor desta última (tal como, por ação ou omissão, eles contribuem no sentido oposto). Mas há limites ao que podem conseguir agindo sozinhos e baseando-se unicamente nos efeitos de suas próprias ações.

As raízes da mixofobia – aquela sensibilidade alérgica e febril aos estranhos e ao desconhecido – jazem além do alcance da competência arquitetônica ou urbanística. Estão profundamente fincadas na condição existencial dos homens e mulheres contemporâneos, nascidos e criados no mundo fluido, desregulamentado e individualizado da mudança acelerada e difusa. Não importa que significação possam ter, para a qualidade da vida diária, a forma, a aparência e a atmosfera das ruas das cidades, assim como o uso que se faz dos espaços urbanos – esses são apenas alguns dos fatores (e não necessariamente os principais) que contribuem para aquela condição desestabilizadora que gera incerteza e ansiedade.

Mais que qualquer outra coisa, os sentimentos mixofóbicos são estimulados e alimentados por uma sensação de insegurança esmagadora. Homens e mulheres inseguros, incertos de seu lugar no mundo, de suas perspectivas de vida e dos efeitos de suas próprias ações, são mais vulneráveis à tentação mixofóbica e mais propensos a caírem em sua armadilha. Esta consiste em canalizar a ansiedade para longe de suas verdadeiras raízes e descarregá-la sobre alvos que não se relacionam às suas fontes. Como resultado, muitos seres humanos são vitimizados (e no longo prazo os vitimizadores atraem, por sua vez, a vitimização), enquanto as fontes da angústia permanecem protegidas da interferência, emergindo sãs e salvas dessa operação.

A consequência é que os problemas que afligem as cidades contemporâneas não podem ser resolvidos reformando-se os próprios centros urbanos, por mais radical que seja a reforma. *Não há*, permitam-me repetir, *soluções locais para problemas gerados globalmente*. O tipo de "segurança" oferecido pelos urbanistas não pode aliviar, muito menos erradicar, a insegurança existencial reabastecida diariamente pela fluidez dos mercados de trabalho, pela fragilidade do valor atribuído a habilidades e competências do passado ou que se busca adquirir no presente, pela reconhecida vulnerabilidade dos vínculos humanos e pela suposta precariedade e revogabilidade dos compromissos e parcerias. As reformas urbanas devem ser precedidas de uma reforma das condições de existência, já que estas determinam o sucesso daquelas. Sem essa reforma, confinados à cidade, os esforços para sobrepujar ou desintoxicar as pressões mixofóbicas tendem a continuar sendo apenas paliativos – com muita frequência, tão somente placebos.

Isso deve ser lembrado não para desvalorizar ou reduzir a diferença entre a boa e a má arquitetura, ou entre planejamento urbano adequado e inadequado (ambos podem ser, e frequentemente são, de enorme importância para a qualidade de vida dos habitantes das cidades), mas para colocar a tarefa numa perspectiva que inclua todos os fatores decisivos a fim de se fazer e sustentar a escolha certa.

As cidades contemporâneas são áreas de descarga para os produtos malfeitos e deformados da fluida sociedade moderna (embora elas próprias certamente não deixem de contribuir para a acumulação de dejetos).

Não há soluções centradas na cidade, muito menos a esta confinadas, para enfrentar contradições e disfunções sistêmicas. Por maiores e mais louváveis que sejam a imaginação de arquitetos, prefeitos e vereadores, elas não serão encontradas. Os problemas devem ser enfrentados onde surjam: as dificuldades confrontadas e sofridas dentro da cidade germinaram em outros lugares, e seus espaços de incubação e gestação são amplos demais para que se possa combatê-las com ferramentas concebidas até mesmo para as maiores áreas metropolitanas. Esses espaços se estendem além do alcance da ação soberana do Estado-nação, o maior, mais adequado, espaçoso e inclusivo ambiente para os procedimentos democráticos inventados e postos em funcionamento nos tempos modernos. Esses espaços são cada vez mais *globais*, e até agora não

Sobre a dificuldade de amar o próximo

chegamos nem perto de inventar, muito menos colocar em prática, meios de controle democráticos à altura do tamanho e da potência das forças a serem controladas.

Essa é, sem dúvida, uma tarefa de longo prazo e que vai exigir muito mais pensamento, ação e persistência do que qualquer reforma de planejamento urbano e estética arquitetônica. Isso não significa, contudo, que se devam suspender os esforços nessa direção até que se chegue à raiz do problema e se coloquem sob controle aquelas tendências globalizantes perigosamente indefinidas. Se podemos dizer assim, o oposto é verdadeiro, já que, embora a cidade seja o aterro sanitário das ansiedades e apreensões geradas pela incerteza e a insegurança globalmente induzidas, é também um importante campo de treinamento em que se pode experimentar, provar e acabar aprendendo e adotando os meios de aplacar e dispersar esses sentimentos.

É na cidade que os estranhos que se confrontam no espaço global como Estados hostis, civilizações rivais ou adversários militares se encontram como *seres humanos individuais*, se veem de perto, conversam, aprendem os costumes uns dos outros, negociam as regras da vida em comum, cooperam e, cedo ou tarde, se acostumam com a presença dos outros e, cada vez mais, encontram prazer em sua companhia. Depois de tal treinamento reconhecidamente local, esses estranhos podem ficar muito menos tensos e apreensivos ao lidarem com assuntos globais. A incompatibilidade de civilizações, tal como a hostilidade mútua, pode mostrar-se, afinal, não tão intratável quanto parecia, e o estrépito dos sabres pode não ser a única forma de resolver conflitos. A "fusão de horizontes" de Gadamer pode se transformar num projeto um pouco mais realista se buscarmos concretizá-la (mesmo que por tentativa e erro, e com êxito apenas relativo) nas ruas das cidades.

Vai levar tempo para que se assimile a nova situação global, e particularmente para que se possa confrontá-la de maneira efetiva – o que sempre ocorreu com todas as transformações realmente profundas da condição humana.

Tal como no caso de todas essas transformações, é impossível (e altamente desaconselhável tentar) apropriar-se antecipadamente da história e prever, para não dizer preestabelecer, a forma que ela vai assumir e o arranjo a que acabará conduzindo. Mas esse confronto terá de acontecer. Ele provavelmente constituirá a principal preocupação e preencherá a maior parte da história do século que está apenas começando.

O drama será encenado e tramado nos dois espaços, o global e o local. Os desenlaces dessas produções em dois palcos estão intimamente combinados e dependem muito do nível de consciência dos roteiristas e atores de cada uma delas em relação a esse vínculo, assim como do grau de habilidade e determinação com que contribuam para o sucesso mútuo.

· 4 ·

Convívio destruído

Um espectro paira sobre o planeta: o espectro da xenofobia. Suspeitas e animosidades tribais, antigas e novas, jamais extintas e recentemente descongeladas, misturaram-se e fundiram-se a uma nova preocupação, a da segurança, destilada das incertezas e intranquilidades da existência líquido-moderna.

Pessoas desgastadas e mortalmente fatigadas em consequência de testes de adequação eternamente inconclusos, assustadas até a alma pela misteriosa e inexplicável precariedade de seus destinos e pelas névoas globais que ocultam suas esperanças, buscam desesperadamente os culpados por seus problemas e tribulações. Encontram-nos, sem surpresa, sob o poste de luz mais próximo – o único ponto obrigatoriamente iluminado pelas forças da lei e da ordem: "São os criminosos que nos deixam inseguros, são os forasteiros que trazem o crime." E assim "é reunindo, encarcerando e deportando os forasteiros que vamos restaurar a segurança perdida ou roubada".

Donald G. McNeil Jr. deu a seu resumo das mudanças mais recentes no espectro político europeu o título de "Politicians pander to fear of crime".[1] Com efeito, em todo o mundo submetido a governos democraticamente eleitos a frase "serei duro com o crime" transformou-se num trunfo, mas a mão vencedora é quase invariavelmente uma combinação da promessa de "mais prisões, mais policiais, sentenças maiores" com o juramento de "não à imigração, aos direitos de asilo e à naturalização". Como diz McNeil, "políticos de toda a Europa usam o estereótipo de que 'o crime é causado por forasteiros' para ligar o antiquado ódio étnico à preocupação com a segurança pessoal, mais palatável".

O duelo Chirac versus Jospin pela presidência da França, em 2002, estava apenas nos estágios preliminares quando degenerou num leilão público em que os dois competidores buscavam apoio eleitoral oferecendo medidas cada vez mais duras contra criminosos e imigrantes, mas sobretudo contra os imigrantes que praticam crimes e contra a criminalidade praticada por imigrantes.[2] Antes de mais nada, porém, eles deram o melhor de si tentando mudar o foco da ansiedade dos eleitores, derivada da envolvente sensação de *precarité* (uma insegurança exasperante em relação à posição social, entrelaçada com uma incerteza aguda quanto ao futuro dos meios de subsistência), para a preocupação com a segurança individual (a integridade do corpo, das propriedades pessoais, do lar e da vizinhança). A 14 de julho de 2001, Chirac colocou em movimento essa máquina infernal, anunciando a necessidade de combater "essa crescente ameaça à segurança, essa maré montante", em vista do aumento (também anunciado na ocasião) de quase 10% da delinquência no primeiro semestre daquele ano, e declarando a disposição de transformar em lei, uma vez reeleito, a política de "tolerância zero". O tom da campanha presidencial fora estabelecido, e Jospin não demorou a aderir, elaborando suas próprias variações sobre o tema comum (embora – inesperadamente para os solistas principais, mas decerto não para os observadores sociologicamente informados – a voz mais destacada tenha sido a de Le Pen, na qualidade de mais pura e, portanto, mais audível).

A 28 de agosto Jospin proclamava "a batalha contra a insegurança", prometendo que não teria "nenhuma complacência", enquanto a 6 de setembro Daniel Vaillant e Marylise Lebranchu, seus ministros, respectivamente, do Interior e da Justiça, juravam que não tolerariam de forma alguma a delinquência. A reação imediata de Vaillant aos eventos de 11 de setembro nos Estados Unidos foi aumentar os poderes da polícia, principalmente no que se refere ao enfrentamento dos jovens "etnicamente estranhos" habitantes dos *banlieux*, as amplas áreas residenciais situadas nas periferias urbanas, onde, segundo a (conveniente) versão oficial, era gerada a demoníaca mistura de incerteza e insegurança que envenenava a vida dos franceses. O próprio Jospin continuou atacando e vilipendiando, em termos cada vez mais mordazes, a "escola angelical" da abordagem ultrassuave, jurando que jamais pertencera a ela no passado e jamais o faria no futuro. O leilão prosseguia, e os lances se tornavam estratosféricos. Chirac prometeu criar um ministério da segurança interna, ao que Jospin reagiu com o compromisso de um ministério "encarregado da segurança pública" e da "coordenação das operações policiais". Quando Chirac brandiu a ideia de instituir centros destinados a trancafiar delinquentes juvenis, Jospin fez eco a essa promessa com a visão de "estruturas gradeadas" com a mesma finalidade, superando o lance do oponente com a perspectiva de "condenações sumárias".

Apenas três décadas atrás Portugal era (juntamente com a Turquia) o principal fornecedor de "trabalhadores convidados" [os *Gastarbeiter*], que os *Bürger* alemães temiam saquear suas cidades e destruírem o pacto social, pilar de sua segurança e conforto. Hoje, graças ao aumento significativo de sua riqueza, Portugal passou de exportador a importador de mão de obra. As dificuldades e humilhações sofridas quando era preciso ganhar a vida no exterior foram rapidamente esquecidas: 27% dos portugueses declararam que os bairros infestados do crime e de estrangeiros constituíam sua principal preocupação, e Paulo Portas, um recém-chegado à arena política, jogando uma carta única, violentamente contrária à imigração, ajudou a conduzir ao poder uma coalizão neodireitista (da mesma forma que ocorreu com o Partido do Povo Dinamarquês de Pia Kiersgaard, com a Liga Norte de Umberto Bossi na Itália e com o Partido do Progresso na Noruega, radicalmente anti-imigrantes – todos em países que não muito tempo antes enviavam seus filhos a terras distantes para ganhar o pão que eles próprios eram muito pobres para oferecer).

Notícias como essa frequentemente ganham as manchetes dos jornais (como "Reino Unido planeja cancelar asilo", *The Guardian*, 13 de junho de 2002 – considero desnecessário mencionar as manchetes dos tabloides...). Mas o núcleo principal da fobia de imigrantes permanece oculto das atenções (de fato, do conhecimento) da Europa Ocidental e nunca vem à superfície. "Culpar os imigrantes" – estrangeiros e recém-chegados, e particularmente estrangeiros recém-chegados – por todos os aspectos da doença social (e acima de tudo pelo nauseante e desabilitante sentimento de *Unsicherheit*, *incertezza*, *precarité*, insegurança) está se tornando rapidamente um hábito global. Nas palavras de Heather Grabbe, diretora de pesquisa do Centro para a Reforma Europeia, "os alemães culpam os poloneses, os poloneses culpam os ucranianos, os ucranianos culpam os quirguizes, que por sua vez culpam os usbeques",[3] enquanto países pobres demais para atrair vizinhos em busca desesperada por meios de sobrevivência, tais como Romênia, Bulgária, Hungria ou Eslováquia, direcionam seu ódio aos habituais suspeitos e culpados de plantão: aquelas pessoas do lugar mas em constante mudança, sem endereço fixo, e assim – sempre e onde quer que estejam – "recém-chegadas" e forasteiras: os ciganos.

Quando se trata de estabelecer tendências globais, os Estados Unidos têm prioridade indiscutível e geralmente assumem a iniciativa. Mas juntar-se à onda global de ataque aos imigrantes representa um problema muito difícil para aquele país, reconhecidamente formado por imigrantes. A imigração atravessou a história norte-americana como um passado de nobreza, uma missão, um empreendimento heroico levado a cabo pelos audazes, os valentes e os bravos. Assim, desprezar os imigrantes e lançar suspeitas sobre sua nobre vocação significaria atacar o próprio cerne da identidade norte-americana, e talvez fosse um golpe mortal no Sonho Americano, seu indiscutível pilar e cimento. Mas esforços têm sido feitos, por tentativa e erro, para tornar o círculo quadrado...

A 10 de junho de 2002, funcionários de alto escalão do governo norte-americano (o diretor do FBI Robert Mueller, o subprocurador geral Larry Thompson, o subsecretário de Defesa Paul Wolfowitz, entre outros) anunciaram a prisão de um suposto terrorista da Al-Qaeda que retornava a Chicago de uma viagem de treinamento no Paquistão.[4] Segundo a versão oficial do caso, um cidadão norte-americano, nascido e criado nos Estados Unidos, Jose Padilla (nome que aponta raízes hispânicas, ligado às últimas levas de imigrantes, pobremente assentadas, da longa lista de filiações étnicas), converteu-se ao islamismo, assumiu o nome de Abdullah al-Mujahir e prontamente procurou seus irmãos muçulmanos em busca de instruções sobre como prejudicar sua terra natal. Foi instruído na arte tosca de fabricar "bombas sujas" – "assustadoramente fáceis de montar" a partir de alguns gramas de explosivos convencionais amplamente disponíveis e de "praticamente qualquer tipo de material radioativo" em que potenciais terroristas "possam pôr as mãos" (não ficou clara por que era necessário treinamento sofisticado para produzir armas "assustadoramente fáceis de montar", mas, quando se trata de lançar as sementes do ódio, a lógica é irrelevante). "Uma nova expressão entrou no vocabulário de muitos norte-americanos médios depois do 11 de setembro: bomba suja", anunciaram os repórteres Nichols, Hall e Eisler, do *USA Today*.

O caso foi um golpe de mestre: a armadilha ao Sonho Americano foi habilmente contornada pelo fato de Jose Padilla ser um estrangeiro e um estranho por sua própria e livre *escolha* como norte-americano. E o terrorismo foi vividamente retratado como algo ao mesmo tempo de origem estrangeira e ubiquamente doméstico, oculto atrás de cada esquina e se espalhando por todos os bairros – tal como os antigos "comunistas debaixo da cama". E foi assim uma metáfora impecável e um escoadouro totalmente confiável para os medos e apreensões, igualmente ubíquos, da vida precária.

No entanto esse expediente revelou-se equivocado. Quando vistos de outras agências da administração federal, os ativos do caso ficavam parecendo passivos. A "bomba suja", "assustadoramente fácil de montar", exporia a loucura de um "escudo antimísseis" multibilionário. As credenciais nativas de al-Mujahir poderiam acrescentar um grande ponto de interrogação à planejada cruzada contra o Iraque e a todas as suas sequelas ainda inominadas. O que era alimento para alguns departamentos federais tinha o gosto de veneno para outros. Estes últimos parecem estar em vantagem no momento, já que o pescoço desse caso promissor foi pronta, rápida e diligentemente torcido. Mas não porque seus responsáveis tenham deixado de tentar...

A modernidade produziu desde o início, e continua a produzir, enormes quantidades de lixo humano.

A produção de lixo humano era particularmente ampla em dois ramos da indústria moderna (ainda totalmente produtivos e operando a todo vapor).

A função manifesta do primeiro deles era a produção e reprodução da ordem social. Todo modelo de ordem é seletivo e exige que se cortem, aparem, segreguem, separem ou extirpem as partes da matéria-prima humana que sejam inadequadas para a nova ordem, incapazes ou desprezadas para o preenchimento de qualquer de seus nichos. Na outra ponta do processo de construção da ordem, essas partes emergem como "lixo", distintas do produto pretendido, considerado "útil".

O segundo ramo da indústria moderna conhecido pela produção contínua de grandes quantidades de lixo humano era o progresso econômico, o qual, por sua vez, exige a incapacitação, o desmantelamento e a aniquilação final de certo número de formas e meios de os seres humanos ganharem a vida – modos de subsistência que não podiam nem iriam ajustar-se a padrões de produtividade e rentabilidade em constante elevação. Via de regra, os praticantes dessas formas de vida desvalorizadas não podem ser acomodados *en masse* nos novos arranjos da atividade econômica, mais esguios e inteligentes. Eles tiveram negado o acesso a esses modos de subsistência na medida em que os novos arranjos se tornaram legítimos/obrigatórios, enquanto os modos ortodoxos, agora desvalorizados, não mais permitem que se sobreviva. Eles são, por esse motivo, o lixo do progresso econômico.

Mas as consequências potencialmente desastrosas da acumulação de lixo humano foram, por boa parte da história humana, evitadas, neutralizadas ou ao menos mitigadas graças a outra inovação moderna: a indústria de manejo do lixo. Ela cresceu porque amplas partes do globo se transformaram em aterros sanitários para onde os "excedentes da humanidade", o lixo humano produzido nos setores do planeta em processo de modernização, podiam ser transportados para serem tratados e descontaminados, afastando assim o perigo de autocombustão e explosão.

O planeta está se tornando carente desses aterros, em grande parte por causa do sucesso espetacular – a difusão planetária – do modo de vida moderno (pelo menos desde a época de Rosa Luxemburgo, a modernidade tem sido suspeita de uma tendência essencialmente suicida, "cobra mordendo o próprio rabo"). A oferta de aterros sanitários é cada vez menor. Enquanto a produção de lixo humano prossegue inabalável (se é que não está aumentando em função dos processos de globalização), a indústria de tratamento do lixo passa por duras dificuldades. As formas de lidar com o lixo humano que se transformaram na tradição moderna não são mais viáveis, e novas maneiras não foram inventadas, muito menos postas em operação. Pilhas de lixo humano crescem ao longo das linhas defeituosas da desordem mundial, e se multiplicam os primeiros sinais de uma tendência à autocombustão, assim como os sintomas de uma explosão iminente.

A crise da indústria de tratamento do lixo humano está por trás da atual confusão, revelada pelo alvoroço desesperado – embora amplamente irracional e desmedido – em torno da administração da grave conjuntura desencadeada pelo 11 de setembro.

Mais de dois séculos atrás, em 1784, Kant observou que nosso planeta é uma esfera, e extraiu consequências desse fato reconhecidamente banal: como permanecemos na superfície dessa esfera e nela nos movemos, não temos outro lugar para ir e portanto estamos destinados a viver para sempre na vizinhança e companhia de outros. A longo prazo, manter a distância, que dirá ampliá-la, está fora de questão: nosso movimento em torno da superfície esférica acabará reduzindo a distância que pretendíamos alargar. E assim *die volkommende bürgeliche Vereinigung in der Menschengattung* (a perfeita unificação da espécie humana por meio de uma cidadania comum) é o destino que a Natureza nos reservou ao nos colocar na superfície de um planeta esférico. A unidade da humanidade é o derradeiro horizonte de nossa história universal. Um horizonte que nós, seres humanos, estimulados e guiados pela razão e pelo instinto de autopreservação, estamos destinados a perseguir e, na plenitude do tempo, alcançar. Mais cedo ou mais tarde, advertiu Kant, não haverá uma única nesga de espaço vazio onde possam procurar abrigo ou resgate os que considerem os espaços já ocupados muito apinhados, inóspitos, inconvenientes ou inadequados. E assim a Natureza nos obriga à visão da hospitalidade (recíproca) como o preceito supremo que precisamos – e acabaremos sendo forçados a – abraçar e obedecer para pôr fim à longa cadeia de tentativas e erros, às catástrofes causadas por esses erros e às devastações que elas deixam em sua esteira.

Os leitores de Kant puderam aprender tudo isso em seu livro dois séculos atrás. O mundo, contudo, mal prestou atenção. Parece que, em vez de escutar atentamente seus filósofos, sem falar em seguir suas advertências, prefere homenageá-los com placas. Os filósofos podem ter sido os principais heróis do drama lírico do Iluminismo, mas a tragédia épica pós-iluminista quase apagou suas falas.

Preocupado em arranjar o casamento das nações com os Estados, dos Estados com a soberania e desta com territórios cercados por fronteiras estritamente fechadas e diligentemente controladas, o mundo parecia perseguir um horizonte bem diferente daquele traçado por Kant. Durante 200 anos, o mundo se ocupou em fazer do controle dos movimentos dos seres humanos uma prerrogativa exclusiva dos poderes estatais, em erigir barreiras àqueles que não era possível controlar e em lotá-las de guardas atentos e fortemente armados. Passaportes, vistos de entrada e saída, alfândegas e controles de imigração foram invenções originais da moderna arte de governar.

O advento do Estado moderno coincidiu com a emergência das "pessoas sem Estado", os *sans papiers*, e da ideia de *unwertes Leben*, a reencarnação mais recente[5] da antiga instituição do *homo sacer*, derradeira personificação do direito soberano de descartar e excluir qualquer ser humano que tenha sido lançado além dos limites das leis humanas e divinas, e de transformá-lo num ser a que as leis não se aplicam e cuja destruição não acarreta punições, despida que é de qualquer significado ético ou religioso.

A derradeira sanção do poder soberano moderno resultou no direito de exclusão da humanidade.

Poucos anos depois de Kant ter publicado suas conclusões, surgiu outro documento, mais curto, que teria, nos dois séculos de história seguintes, bem como nas mentes de seus principais atores, um peso muito maior que o livrinho do filósofo. Era a *Déclaration des Droits de L'Homme e du Citoyen*, em relação à qual Giorgio Agamben observaria, com o benefício de uma perspectiva de 200 anos, não estar claro se "os dois termos [homem e cidadão] deveriam identificar duas realidades distintas" ou se, em vez disso, o primeiro deles sempre quis dizer "já contido no segundo"[6] – ou seja, o portador dos direitos era o homem que também fosse (ou na medida em que fosse) um cidadão.

Essa falta de clareza, com todas as suas consequências repulsivas, fora observada antes por Hannah Arendt num mundo que rapidamente se enchia de "pessoas deslocadas". Ela relembrou a antiga premonição de Edmund Burke, genuinamente profética, de que o maior perigo para a humanidade era a abstrata nudez de "não ser nada além de humana".[7] "Os direitos humanos", como Burke observou, eram uma abstração, e os seres humanos não poderiam esperar que eles garantissem muita proteção, a menos que essa abstração fosse preenchida com a substância em que consistiam os direitos dos ingleses ou franceses. "O mundo nada descobriu de sagrado na abstrata nudez do ser humano", como Arendt resumiu a experiência dos anos que se seguiram às observações de Burke.

"Os direitos do homem, supostamente inalienáveis, mostraram-se inaplicáveis … onde quer que tenham aparecido pessoas que não eram mais cidadãs de algum Estado soberano."[8]

Com efeito, pessoas dotadas de "direitos humanos", mas nada além disso – sem outros direitos, mais defensáveis porque institucionalmente enraizados, para conter e manter no lugar os direitos "humanos" –, não podiam ser encontradas em lugar algum e eram, para todos os fins práticos, inimagináveis. Obviamente, era necessária uma *puissance, potenza, might* ou *Macht*[9] essencialmente social para endossar a humanidade dos seres humanos. E por toda a era moderna essa "potência" veio a ser, invariavelmente, aquela que *traçou a fronteira entre humano e inumano, disfarçada, nos tempos modernos, na que divide cidadãos e estrangeiros.* Nesta terra fatiada em Estados soberanos, os sem-teto são também sem-direitos, e sofrem, não por não serem iguais perante a lei, mas porque *não existe lei que se aplique a eles* e nas quais possam se pautar, ou a cuja proteção possam recorrer, em seus protestos contra a rigorosa condição a que foram submetidos.

Em seu ensaio sobre Karl Jaspers, escrito alguns anos depois de *As origens do totalitarismo*, Hannah Arendt observava que, embora para todas as gerações precedentes a "humanidade" tivesse sido apenas um conceito ou ideal (podemos acrescentar: um postulado filosófico, um sonho de humanistas, por vezes um grito de guerra, mas dificilmente um princípio organizador da ação política), ela havia "se tornado algo dotado de uma realidade urgente".[10] Transformara-se em um assunto de extrema urgência porque o impacto do Ocidente tinha não apenas saturado o restante do mundo com os produtos de seu desenvolvimento tecnológico, mas também exportado "seus processos de desintegração" – entre eles a ruptura das crenças religiosas e metafísicas, os avanços espantosos das ciências naturais e a ascensão do Estado-nação como praticamente a única forma de governo apresentada de modo mais proeminente. Forças que tinham precisado de séculos para "minar as antigas crenças e formas de vida política" no Ocidente "levaram apenas algumas décadas para derrubá-las … em todas as outras partes do mundo".

Esse tipo de unificação, assinala Arendt, não poderia senão produzir um tipo "inteiramente negativo" de "solidariedade do gênero humano". Cada parte da população humana sobre a terra é tornada vulnerável por todas as outras e cada uma delas. Trata-se, podemos dizer, de uma "solidariedade" de perigos, riscos e temores. Na maior parte do tempo e para a maioria das pessoas, a "unidade do planeta" se resume ao horror diante de ameaças geradas ou incubadas em lugares distantes num mundo "em ampliação, mas fora do alcance".

Juntamente com o produto pretendido, toda fábrica gera lixo. A fábrica da moderna soberania de base territorial não foi exceção.
Por cerca de 200 anos após a publicação das advertências de Kant, o progressivo "preenchimento do mundo" – e assim, consequentemente, o impulso a admitir que a totalidade do planeta (por ele considerada um veredicto inevitável da Razão e da Natureza combinadas numa só, sem apelo permitido) era de fato iminente – sofreu retaliação com a ajuda da [anti] santíssima trindade formada por território, nação e Estado.

O Estado-nação, como observa Giorgio Agamben, é um Estado que faz da "natividade ou nascimento" o "pilar de sua própria soberania". "A ficção aqui implícita", assinala Agamben, "é que o *nascimento* [*nascita*] imediatamente ganha existência como *nação*, de modo que não pode haver diferença alguma entre os dois momentos."[11] A pessoa *nasce*, por assim dizer, na "cidadania do Estado".

A nudez da criança recém-nascida, mas ainda não envolta nos ornamentos jurídico-legais, fornece o *locus* em que a soberania do poder de Estado é perpetuamente construída, reconstruída e assistida com o auxílio das práticas de inclusão/exclusão destinadas a todos os outros demandantes da cidadania que caem sob o alcance dessa soberania. Podemos propor a hipótese de que a redução de *bios* para *zoë*, que Agamben considera a essência da soberania moderna (ou, poderíamos também dizer, a redução do *Leib*, o corpo vivo em ação, ao *Körper*, um corpo sobre o qual se pode agir, mas destituído de ação), é uma conclusão precipitada, já que o nascimento é eleito a única forma de ingresso "natural" nessa nação, sem exigência de testes nem questionários.

Todos os outros demandantes que podem bater à porta do Estado soberano pedindo admissão tendem, em primeiro lugar, a ser submetidos ao ritual de desnudamento. Como indicou Victor Turner, seguindo o esquema em três estágios do *rite de passage* elaborado por Van Genep, antes que os recém-chegados em busca de admissão a um *locus* social ganhem acesso (se isso ocorrer) àquele novo guarda-roupa onde são guardadas as vestimentas adequadas e reservadas para isso, eles precisam despir-se (tanto metafórica quanto literalmente) de todos os adornos de seu encargo anterior. Devem permanecer por algum tempo em estado de "nudez social". Passam a quarentena num não espaço "nem um nem outro", onde trajes de importância socialmente definida e aprovada não são oferecidos nem permitidos. São isolados de seus pertences pelo purgatório do "espaço de nenhures" intermediário que separa entre si as tramas constituintes de um mundo nelas dividido, concebido como uma agregação de tramas afastadas espacialmente. A inclusão, se for oferecida, deve ser precedida de uma exclusão radical.

Segundo Turner, a mensagem transmitida pela parada obrigatória num acampamento cuidadosamente limpo de quaisquer implementos capazes de elevar os acampados do nível *zoë* ou *Körper* ao *bios* ou *Leib* ("a importância social de reduzi-los a algum tipo de *primo materia* humana, destituída de uma forma específica e restrita, a uma condição que, embora ainda social, está fora ou além de todas as formas aceitas de status"), essa mensagem é de que não há um caminho direto que conduza de um status socialmente aprovado para outro. Antes que se possa fazer isso, é preciso imergir e dissolver-se numa "*communitas* desestruturada, ou estruturada apenas de modo rudimentar, e relativamente indiferenciada...".[12]

Hannah Arendt situou o fenômeno posteriormente estudado por Turner no domínio, operado pelo poder, da expulsão, do exílio, da exclusão e da dispensa. A humanidade que assume "a forma de fraternidade", inferiu ela, "é o grande privilégio dos povos párias", referidos nos debates públicos do século XVIII sob o nome genérico de *les malheureux*, substituído no século seguinte por *les misérables* e, desde meados do século XX, pelo saco de gatos da noção de "refugiados" – mas que sempre foram privados de um lugar próprio no mapa-múndi mental desenhado pelos povos que cunhavam e empregavam esses nomes. Comprimidos, confinados e esmagados por múltiplas rejeições, "os perseguidos têm se movido a uma tal proximidade que o espaço intermediário que chamamos de mundo (e que evidentemente havia entre eles antes da perseguição, mantendo-os a uma distância uns dos outros) simplesmente desapareceu".[13]

Para todos os fins e propósitos práticos, as categorias párias/proscritas estavam *fora do mundo* – do mundo de categorias e finas distinções que os poderes constituídos haviam gerado e dado a conhecer sob o nome de "sociedade". O único mundo a ser habitado pelos seres humanos e capaz de transformá-los em cidadãos, portadores e praticantes de direitos. Eles eram *uniformes*, compartilhando um tipo de falta de atributos que os falantes do vernáculo seriam capazes de notar, apreender, nomear e compreender. Ou pelo menos era isso que pareciam ser, devido à aliança entre a pobreza do vernáculo e a homogeneização obtida com a anuência do poder e concretizada mediante a expropriação de direitos.

Se nascimento e nação constituem uma só coisa, então todos os outros que ingressam ou desejam ingressar na família nacional devem imitar a nudez do recém-nascido – ou serão compelidos a isso.

O Estado – guardião e agente penitenciário, porta-voz e censor-chefe da nação – garantiria que essa condição fosse alcançada.

Como adverte Carl Schmitt, reconhecidamente um dos intelectuais mais lúcidos e realistas que se dedicam a traçar a anatomia do Estado moderno: "Quem determina um valor sempre fixa, *eo ipso*, um não valor. O sentido dessa determinação é que este último seja aniquilado."[14] Determinar o valor estabelece os limites do normal, do comum, do regular. O não valor é uma exceção que assinala essa fronteira.

A exceção é aquilo que não pode ser subsumido. Ela desafia a codificação geral, mas ao mesmo tempo revela um elemento formal especificamente jurídico: a decisão em absoluta pureza ... Não há regra aplicável ao caos. É preciso estabelecer a ordem para que a ordem jurídica faça sentido. Deve-se criar uma situação regular, e é soberano quem decide definitivamente se essa situação é de fato efetiva ... A exceção não apenas confirma a regra – esta, como tal, vive apenas da exceção.[15]

Giorgio Agamben comenta: "A regra se aplica à exceção ao não mais se aplicar, ao se retrair em relação a ela. Assim, o estado de exceção não é o caos que precedeu a ordem, mas a situação resultante de sua suspensão. Nesse sentido, a exceção é verdadeiramente, segundo sua raiz etimológica, *removida* (*excapere*), e não simplesmente excluída."[16]

Permitam-me observar que é precisamente essa a circunstância que os soberanos construtores de regras precisam ocultar a fim de legitimar suas ações e torná-las compreensíveis. A construção da ordem tende a ser, como regra, empreendida em nome do combate ao caos. Mas não haveria caos se já não houvesse a intenção de ordenar e se a "situação regular" já não estivesse antecipadamente concebida para que sua promoção pudesse ser iniciada com seriedade. O caos nasce como não valor, como exceção. A pressa em ordenar é seu lugar de nascença, e ele não tem outros pais nem outro lar que sejam *legítimos*.

O poder de excluir não seria um marco da soberania se o poder soberano não tivesse primeiro se unido ao território.

Penetrante e perspicaz como costuma ser ao esquadrinhar a lógica bizarra e paradoxal da *Ordnung*, Carl Schmitt endossa, nesse ponto crucial, a ficção cultivada pelos guardiões/promotores da ordem, os detentores do poder soberano da exceção. Tal como no conjunto da prática dos soberanos, também no modelo teórico de Schmitt se presume que as fronteiras do território no qual se conduz o trabalho da *Ordnung* constituam os limites externos do mundo dotado de relevância tópica para os esforços e intenções de ordenar.

Na visão de Schmitt, tal como na *doxa* dos legisladores, a soma total dos recursos exigidos para que se realize o trabalho de ordenar, assim como a totalidade dos fatores necessários para justificar essa operação e seus efeitos, está contida no interior desse mundo. A soberania produz a distinção entre um valor e um não valor, uma regra e uma exceção. Mas essa operação é precedida da *distinção entre o lado de dentro e o de fora do reino soberano*, sem o que suas prerrogativas não poderiam ser reclamadas nem obtidas. A soberania, tal como praticada pelos modernos Estados-nação e teorizada por Schmitt, está inextricavelmente limitada a um *território*. É impensável sem um "lado de fora", inconcebível de qualquer outra forma que não a de uma entidade *localizada*. A visão de Schmitt é tão "localizada" quanto a soberania cujo mistério ele pretende desenredar. Ela não avança além da prática e do horizonte cognitivo do celestial casamento do território com o poder.

Na medida em que o "Estado de direito" foi se transformando, de modo gradual mas irresistível (já que sob as constantes pressões da construção de legitimidade e da mobilização ideológica), no "Estado-nação", esse casamento se transformou num *ménage à trois*: uma trindade constituída de território, Estado e nação. Pode-se supor que o advento dessa trindade tenha sido um acidente histórico, ocorrido numa única e relativamente diminuta parte do globo; mas uma vez que essa parte, embora pequena, veio a reclamar a posição de metrópole dotada de recursos suficientes para transformar o resto do planeta em periferia, e arrogante o bastante para esquecer ou desacreditar suas próprias peculiaridades, e como é prerrogativa da metrópole estabelecer e impor as regras pelas quais a periferia é obrigada a viver, a superposição/mistura de nação, Estado e território se tornou uma norma de vinculação global.

Qualquer um dos membros dessa trindade, se não estivesse associado aos outros dois nem fosse apoiado por eles, se transformaria numa anomalia, numa monstruosidade candidata a uma drástica cirurgia ou a receber um *coup de grâce* caso fosse considerado irredimível. Um território sem Estado-nação se tornava uma terra de ninguém. Uma nação sem Estado virava um aleijão com a opção de desaparecer voluntariamente ou ser executado. Um Estado sem nação, ou com mais de uma nação, transformava-se num resíduo do passado ou num mutante confrontado pela opção de modernizar-se ou perecer. Por trás da nova normalidade avultava o princípio da territorialidade dando sentido a qualquer poder que apostasse na soberania e tivesse uma chance de ganhar a aposta.

Toda aposta na pureza produz sujeira, toda aposta na ordem cria monstros. Os monstros sujos da era de promoção da trindade território/nação/Estado foram nações sem Estados, Estados com mais de uma nação e territórios sem Estado-nação. Foi graças à ameaça e ao medo desses monstros que o poder soberano pôde exigir e adquirir o direito de negar direitos e estabelecer condições de humanidade que grande parte desta não poderia satisfazer – como de fato ocorreu.

Sendo a soberania o poder de definir os limites da humanidade, as vidas dos seres humanos que caíram ou foram jogados para fora desses limites não valem a pena.
Em 1920 foi publicado um livreto sob o título *Die Freigabe der Vernichtung lebensunwerten Leben* (*Permitindo a destruição da vida que não vale a pena ser vivida*), de autoria de um especialista em direito penal, Karl Binding, e de um professor de medicina, Alfred Hoche, que comumente recebe o crédito por ter introduzido o conceito de *unwertes Leben* ("vida que não vale a pena ser vivida"), acrescido da indicação de que, nas sociedades humanas conhecidas, esse tipo de vida tem sido até agora indevida e injustamente protegido à custa de tipos de existência plenamente amadurecidos que deveriam receber toda a atenção e o cuidado que a humanidade merece. Os sábios autores não viam razão (fosse jurídica, social ou religiosa) pela qual o extermínio da *unwertes Leben* devesse ser visto como um crime passível de punição.

Na concepção de Binding/Hoche, Giorgio Agamben enxerga a ressurreição e uma articulação moderna e atualizada da antiga categoria do *homo sacer*: um ser humano que se pode matar sem medo de punição, mas não pode ser usado no sacrifício religioso – que, em outras palavras, é totalmente excluído, situando-se além dos limites da lei, seja ela humana ou divina. Agamben também observa que o conceito de "vida que não vale a pena ser vivida" é, tal como sempre foi o de *homo sacer*, não ético, mas que em sua versão moderna adquire profunda significação política como uma categoria "sobre a qual se funda a soberania".

> Na moderna biopolítica, o soberano é aquele que decide sobre o valor ou não valor da vida como tal. Esta – que com a declaração de direitos foi investida do princípio da soberania – torna-se agora o local da decisão soberana.[17]

Com efeito, parece ser esse o caso. Observemos, contudo, que só o pode ser na medida em que a trindade território/Estado/nação tenha sido elevada à condição de princípio universal da coabitação humana, imposto e obrigado a sujeitar todos os recessos e frestas do planeta, incluindo áreas que por séculos não conseguiram atingir as condições necessárias para essa trindade (ou seja, homogeneidade populacional e/ou estabelecimento permanente resultando num "arraigamento ao solo"). É por causa dessa universalidade do princípio trinitário, tramada, arbitrária e imposta, que, como assinala Hannah Arendt, "quem é rejeitado por uma dessas comunidades rigorosamente organizadas se vê rejeitado por toda a família das nações"[18] (e assim, na medida em que a espécie humana se torna idêntica à "família das nações", pela esfera da humanidade), lançado à terra de ninguém dos *homini sacri*.

A intensa produção de lixo exige uma indústria de tratamento eficiente. Isso produziu uma das mais impressionantes histórias de sucesso dos tempos modernos – o que explica por que a advertência/premonição ficou na gaveta por dois séculos.

Apesar das quantidades crescentes e das dores cada vez mais profundas, os detritos humanos acumulados pelo fervor e dedicação de incluir/excluir, desencadeados e consistentemente reforçados pelo princípio e pela prática da trindade território/ Estado/nação, puderam ser legitimamente desprezados como uma irritação transitória e essencialmente curável, em vez de serem vistos e tratados como presságios de uma catástrofe iminente. As nuvens escuras pareciam mais claras e as premonições sombrias podiam ser afogadas em riso como "profecias do juízo final", graças principalmente ao moderno empreendimento que entrou para a história sob os rótulos de "imperialismo" e "colonização". Juntamente com outras funções, esse empreendimento serviu de unidade de depósito e reciclagem para os crescentes suprimentos de lixo humano. As atordoantes vastidões de "terras virgens" abertas à colonização pelo impulso imperialista de invadir, conquistar e anexar podiam ser usadas como depósitos de lixo para os indesejados e funcionar como terra prometida para os que subissem ou fossem atirados a bordo enquanto a nau do progresso ganhava velocidade e prosseguia.

Assim, o mundo parecia tudo menos cheio. "Cheio" é outra expressão – "objetivada" – para o sentimento de estar lotado. *Super*lotado, para ser preciso.

Nada de Estátuas da Liberdade prometendo congregar as massas oprimidas e abandonadas. Nada de rotas de fuga nem esconderijos, a não ser para uns poucos malfeitores e criminosos. Mas também (o que é, reconhecidamente, o efeito mais surpreendente da plenitude do mundo há pouco revelada) nada daquele *chez soi* seguro e aconchegante, como os eventos do 11 de setembro provaram de modo dramático e acima de qualquer dúvida razoável.

A colonização permitiu que as premonições de Kant ficassem engavetadas. Mas também fizeram com que parecessem, quando finalmente se abriu a gaveta, uma profecia do apocalipse em lugar da alegre utopia pretendida pelo filósofo. A visão de Kant agora parece assim porque, devido à enganadora abundância de "terras de ninguém", no curso desses dois séculos nada tinha de ser feito, e portanto não o foi, para preparar a humanidade para a revelação da definitiva plenitude do mundo.

Quando os últimos locais portando o rótulo de *ubi leones* desaparecem rapidamente do mapa-múndi e as últimas das muitas terras de fronteira distantes são reclamadas por forças suficientemente poderosas para fechar divisas e negar vistos de entrada, *o mundo como um todo está se transformado numa terra de fronteira planetária...*

Em qualquer época as terras de fronteira foram conhecidas ao mesmo tempo como fatores de deslocamento e unidades de reciclagem dos deslocados. Nada mais se pode esperar de sua nova variedade global – exceto, é claro, a nova escala planetária de produção e reciclagem dos problemas.

Permitam-me repetir: não há soluções locais para problemas globais, embora sejam locais as soluções procuradas com avidez, ainda que em vão, pelas instituições políticas existentes, as únicas que até agora inventamos e de que dispomos coletivamente.

Enredadas como essas instituições têm sido, desde o início e ao longo de sua história, em esforços apaixonados (hercúleos na intenção, sisíficos na prática) para selar a união do Estado e da nação com o território, não surpreende que todas elas tenham se tornado e permanecido locais, e que seu poder soberano de empreender ações viáveis (ou, mesmo, *legítimas*) seja localmente circunscrito.

Há, salpicadas em toda parte do mundo, "guarnições de extra-territorialidade", aterros sanitários para o lixo não despejado e ainda não reciclado da terra de fronteira global.

Durante os dois séculos da história moderna, as pessoas que não conseguiam transformar-se em cidadãos – os refugiados, os migrantes voluntários e involuntários, os "deslocados" *tout court* – foram naturalmente assumidas como um problema do país hospedeiro e tratadas como tal.

Poucos, se é que algum, dos Estados-nação que preencheram o mapa-múndi moderno estavam fixados tão localmente quanto suas prerrogativas soberanas. Algumas vezes de boa vontade, outras com relutância, praticamente todos tiveram de aceitar a presença de estrangeiros no território apoderado e admitir sucessivas levas de imigrantes fugindo ou expulsos dos domínios de outros Estados-nação soberanos. Uma vez lá dentro, porém, tanto os estrangeiros estabelecidos quanto os recém-chegados caíam sob a jurisdição exclusiva e indivisa do país hospedeiro. Este último estava livre para apresentar versões atualizadas e modernizadas das duas estratégias descritas por Lévi-Strauss em *Tristes trópicos* como formas alternativas de lidar com a presença de estrangeiros. Recorrendo a essas estratégias, o país poderia contar com o apoio entusiástico de todas as outras potências soberanas do planeta, preocupadas em preservar o caráter inviolável da trindade território/Estado/nação.

A opção disponível para o problema do estrangeiro oscilava entre as soluções antropofágica e antropoêmica. A primeira delas resumia-se em "comer os estrangeiros até o fim". Fosse literalmente, pela carne (como no canibalismo supostamente praticado por certas tribos antigas), ou em sua versão sublimada, espiritual – como na assimilação cultural praticada quase universalmente, com a anuência do poder, pelos Estados-nação na intenção de ingerir no corpo nacional os portadores de culturas estranhas, expelindo ao mesmo tempo as partes indigestas de seus dotes culturais. A segunda solução significava "vomitar os estrangeiros" em vez de devorá-los: recolhê-los e expeli-los (exatamente o que Oriana Fallaci, a formidável jornalista e formadora de opinião italiana, sugeriu que nós, europeus, deveríamos fazer com pessoas que adoram outros deuses e adotam estranhos hábitos de higiene), fosse do domínio do poder de Estado ou do próprio mundo dos vivos.

Observemos, contudo, que perseguir uma dessas duas soluções só fazia sentido com base em pressupostos gêmeos: o da clara divisão territorial entre o "dentro" e o "fora" e o da inteireza e indivisibilidade da soberania do poder de escolha estratégica no interior de seu domínio. Nenhum dos dois goza de muita credibilidade nos dias de hoje, em nosso líquido mundo moderno. E assim as chances de empregar uma das duas estratégias ortodoxas são no mínimo reduzidas.

Com as formas de ação testadas não estando mais disponíveis, parece que ficamos sem uma boa estratégia para lidar com recém-chegados. Numa época em que nenhum modelo cultural pode afirmar, de modo peremptório e efetivo, sua superioridade sobre os concorrentes, e quando a mobilização patriótica voltada à construção nacional deixou de ser o principal instrumento de integração social e de autoafirmação do Estado, a assimilação cultural não figura mais no programa. Já que deportações e expulsões criam imagens de televisão dramáticas e perturbadoras, e podem desencadear os clamores do público, maculando as credenciais internacionais dos responsáveis, a maioria dos governos prefere, se possível, passar ao largo do problema fechando as portas àqueles que batem em busca de abrigo.

A atual tendência a reduzir drasticamente o direito de asilo político, acompanhada pela firme recusa ao ingresso de "migrantes econômicos" (exceto nos momentos, poucos e transitórios, em que as empresas ameaçam mudar-se para onde a mão de obra está se esta não for trazida para onde elas estão), essa tendência assinala não uma nova estratégia com relação ao fenômeno dos refugiados, mas uma *ausência de estratégia*, assim como o desejo de evitar uma situação em que essa ausência acarrete embaraços políticos. Nessas circunstâncias, o ataque terrorista de 11 de setembro ajudou enormemente os políticos. Além das acusações comuns de viverem à custa da previdência social e de roubarem empregos,[19] ou de trazerem para o país doenças há muito esquecidas, como a tuberculose, ou recentemente surgidas, como a aids,[20] os refugiados podem agora ser acusados de fazer o papel de "quinta coluna" em favor da rede terrorista global. Há finalmente um motivo "racional" inatacável para recolher, encarcerar e deportar pessoas com as quais não se sabe mais lidar nem se deseja ter o trabalho de descobrir. Nos Estados Unidos, e logo depois na Inglaterra, sob a bandeira da "campanha contra o terrorismo", estrangeiros foram prontamente privados de direitos humanos essenciais que até então haviam resistido a todas as vicissitudes da história desde a Magna Carta e do *habeas corpus*. Estrangeiros podem agora ser detidos indefinidamente sob acusações das quais não podem se defender porque não lhes dizem quais são elas. Na observação ácida de Martin Thomas,[21] de agora em diante, numa dramática reversão do princípio básico do direito civilizado, a "prova de uma acusação criminal é um complicador redundante" – ao menos no que se refere aos refugiados estrangeiros.

As portas podem estar fechadas, mas o problema não irá embora, por mais bem resistentes que sejam as trancas. Elas nada podem fazer para suavizar ou debilitar as forças que causam o deslocamento e transformam seres humanos em refugiados. As trancas podem ajudar a manter o problema fora da vista e da mente, mas não podem forçá-lo a se afastar de nossa vida.

E assim, cada vez mais, os refugiados se veem sob fogo cruzado – mais exatamente, numa encruzilhada.

Eles são expulsos à força ou afugentados de seus países nativos, mas sua entrada é recusada em todos os outros. Não *mudam* de lugar – *perdem* seu lugar na terra, catapultados para lugar algum, para os "*non-lieux*" de Augé, as "*nowherevilles*" de Garreau ou as "*Narrenschiffen*" de Michel Foucault. Para um flutuante "lugar sem lugar, existente por si mesmo, fechado em si mesmo e ao mesmo tempo abandonado na infinidade do mar".[22] Ou (como sugere Michel Algier num artigo a ser publicado na revista *Ethnography*) para um deserto, por definição uma terra *des*abitada, avessa aos seres humanos e raramente visitada.

Os refugiados se tornaram, à imagem caricatural da nova elite do poder no mundo globalizado, a epítome daquela extraterritorialidade em que se fincam as raízes da atual *precarité* da condição humana, que tem lugar de destaque entre os temores e ansiedades de nossos dias. Esses temores e ansiedades, procurando em vão por outros escoadouros, despejaram-se sobre o ressentimento e o medo que os refugiados provocam. Não podem ser desativados nem dispersos num confronto direto com a outra encarnação da extraterritorialidade, a elite global flutuando além do alcance do controle humano, poderosa demais para que se possa enfrentá-la. Os refugiados, ao contrário, são um alvo fixo em que se descarregar o excesso de angústia...

De acordo com o Alto Comissariado das Nações Unidas para Refugiados (ACNUR), há entre 13 e 18 milhões de "vítimas de deslocamento forçado" lutando para sobreviver além das fronteiras dos seus países de origem (sem contar os milhões de refugiados "internos" no Burundi e em Sri Lanka, na Colômbia e em Angola, no Sudão e no Afeganistão, condenados ao nomadismo por força de intermináveis guerras tribais). Destes, mais de seis milhões estão na Ásia, e de sete a oito milhões na África. Há três milhões de refugiados palestinos no Oriente Médio. Essa estimativa é, com certeza, conservadora. Nem todos os refugiados são (ou desejam ser) reconhecidos como tais – só algumas das pessoas deslocadas tiveram a sorte de serem registradas pelo ACNUR e ficarem sob seus cuidados.

Aonde quer que vão, os refugiados são indesejados, e não deixam dúvidas sobre isso. Os identificados como "migrantes econômicos" (ou seja, pessoas que seguem os preceitos da "escolha racional" e assim tentam encontrar formas de subsistência onde elas podem ser encontradas, em vez de ficarem onde elas não existem) são abertamente condenados pelos mesmos governos que fazem de tudo para que a "flexibilidade da força de trabalho" se transforme na principal virtude de seu eleitorado, e que exortam os desempregados de seus próprios países a "correrem atrás" dos compradores de mão de obra. Mas a suspeita de motivação econômica também respinga sobre aqueles recém-chegados que, não muito tempo atrás, eram vistos como pessoas no exercício de seus direitos humanos procurando abrigar-se da discriminação e da perseguição. Por associação repetida, a expressão "em busca de asilo" adquiriu um sabor pejorativo. Grande parte do tempo e da capacidade cerebral dos estadistas da "União Europeia" é empregada no planejamento de formas cada vez mais sofisticadas de fechar e fortificar fronteiras, bem como dos processos mais eficazes para se livrarem de pessoas em busca de pão e abrigo que, apesar de tudo, tenham conseguido cruzá-las.

Para não ficar atrás, David Blunkett, ministro do Interior britânico, ameaçou cortar a ajuda dos países de origem dos refugiados caso eles não levassem de volta os "desqualificados em busca de asilo".[23] Essa não foi a única ideia nova. Blunkett pretende "forçar o ritmo da mudança", queixando-se de que, devido à falta de energia de outras lideranças europeias, "o progresso tem sido muito lento". Ele deseja a criação de uma "força de operações conjuntas", com a participação de todos os países europeus, e de "uma força-tarefa de especialistas nacionais" para "elaborar avaliações de riscos comuns, identificar os pontos fracos nas ... fronteiras externas da União Europeia, abordar a questão da migração ilegal por via marítima e pôr fim ao tráfico [novo termo destinado a substituir o conceito de 'trânsito', anteriormente nobre] de seres humanos".

Com a cooperação ativa de governos e pessoas influentes que encontram no favorecimento e na instigação de preconceitos populares o único substituto disponível para o confronto das fontes genuínas da incerteza existencial que assalta seus eleitores, as "pessoas em busca de asilo" (como aquelas que reúnem suas forças nos inúmeros Sangattes da Europa, preparando-se para a invasão das ilhas britânicas, ou as que estão para se estabelecer, a menos que as impeçam, em acampamentos estratégicos a poucos quilômetros das residências dos eleitores), essas pessoas estão tomando o lugar das bruxas, dos fantasmas de malfeitores impenitentes e de outros espectros e demônios das lendas urbanas. O novo folclore urbano, em rápida expansão, com as vítimas dessa expulsão planetária no papel de protagonistas mal-intencionados, assimila e recicla a tradição oral das arrepiantes histórias de terror que no passado encontravam uma ávida demanda, gerada, tal como agora, pelas inseguranças da vida na cidade.

Aqueles migrantes que, apesar dos estratagemas mais engenhosos, não podem ser rapidamente deportados, o governo propõe confinar em campos construídos em lugares possivelmente remotos e isolados – medida que transforma em profecia autocumprida a crença de que eles não desejam ou não podem ser assimilados à vida econômica do país. Assim, como observa Gary Young, "efetivamente erigem bantustões em torno da zona rural da Inglaterra, encurralam os refugiados de formas que os deixam isolados e vulneráveis".[24] (Pessoas em busca de asilo, assinala Young, "são mais propensas a serem vítimas de crimes do que a cometê-los".)

Segundo os registros do ACNUR, estão confinados nesses campos 83,2% dos refugiados na África e 95,9% na Ásia. Na Europa, até agora são apenas 14,3%. Mas, até o momento, há poucos sinais de que essa diferença em favor da Europa se sustentará por muito tempo.

Os campos de refugiados ou as pessoas em busca de asilo são artífices de uma instalação temporária que o bloqueio das saídas torna permanente.

Os internos dos campos de refugiados ou as pessoas em busca de asilo não podem voltar "ao lugar de onde vieram", já que os países de origem não os querem de volta, suas formas de subsistência foram destruídas e seus lares, pilhados, demolidos ou roubados. Mas também não existe um caminho à frente – nenhum governo teria satisfação em ver o influxo de milhões de sem-teto, e qualquer um faria o possível para evitar que os recém-chegados se estabelecessem.

Quanto à sua nova localização "permanentemente temporária", os refugiados "estão nela, mas não são dela". Não pertencem verdadeiramente ao país em cujo território foram montadas suas cabanas ou tendas portáteis. São separados do restante dele por uma cortina de suspeitas e ressentimentos que é invisível, mas ao mesmo tempo espessa e impenetrável. Estão suspensos num vácuo espacial em que o tempo foi interrompido. Não se estabeleceram nem estão em movimento. Não são sedentários nem nômades.

Nos termos em que habitualmente se descrevem as identidades humanas, eles são *inefáveis*. São, em carne e osso, os "indecidíveis" de Jacques Derrida. Entre pessoas como nós, que outras valorizam e que se vangloriam das artes da reflexão e autorreflexão, eles não são apenas in*tocá*veis, mas também im*pensá*veis. Num mundo transbordando de comunidades imaginadas, são *inimagináveis*. E é recusando-lhes o direito de serem imaginados que os outros, agregados em comunidades genuínas ou aspirantes a isso, buscam credibilidade para os seus próprios esforços de imaginação.

A proliferação de campos de refugiados é um produto/manifestação tão integral da globalização quanto o denso arquipélago de *nowherevilles* através do qual se movem os membros da nova elite em suas viagens ao redor do mundo.

O atributo compartilhado por *globetrotters* e refugiados é sua *extraterritorialidade*: não pertencerem ao lugar, estarem "no" mas não serem "do" espaço que fisicamente ocupam (os *globetrotters* numa sucessão de momentos reconhecidamente fugazes, os refugiados numa série de momentos infinitamente ampliada).

Pelo que sabemos, as *nowherevilles* dos campos de refugiados – tal como as pousadas equidistantes em que se hospedam os comerciantes supranacionais capazes de viajar livremente – podem ser as cabeças de ponte de uma extraterritorialidade que avança, ou (numa perspectiva mais longa) laboratórios em que a dessemantização do lugar, a fragilidade e descartabilidade dos meios, a indeterminação e a plasticidade das identidades, e acima de tudo a nova *permanência da transitoriedade* (todas elas tendências constitutivas da fase "líquida" da modernidade) são vivenciadas sob condições extremas: testadas como os limites da elasticidade e da submissão humanas, assim como as formas de atingi-los, foram testados nos campos de concentração no estágio "sólido" da história moderna.

Como todas as outras *nowherevilles*, os campos de refugiados são marcados por uma transitoriedade intencional, pré-programada e embutida. Todas essas instalações são concebidas e planejadas como um buraco tanto no tempo como no espaço, uma suspensão transitória na sequência temporal da construção de identidades e da atribuição territorial. Mas as faces que as duas variedades de *nowherevilles* apresentam a seus respectivos usuários/internos diferem agudamente. Os dois tipos de extraterritorialidade sedimentam-se, por assim dizer, em lados opostos do processo de globalização.

O primeiro oferece a transitoriedade como uma instalação livremente escolhida; o segundo a torna permanente – um destino irrevogável e inelutável. Essa é uma diferença parecida com a que separa os dois equipamentos da permanência segura: as comunidades fechadas dos ricos discriminadores e os guetos dos pobres discriminados. E as causas dessa diferença também são semelhantes: de um lado, entradas estritamente guardadas e vigiadas, mas saídas escancaradas; de outro, uma entrada amplamente indiscriminada, mas saídas cuidadosamente fechadas. É o fechamento das saídas, em particular, que perpetua o estado de transitoriedade sem substituí-lo pela permanência. Nos campos de refugiados, o tempo está excluído da mudança qualitativa. Continua sendo tempo, mas não é mais história.

Os campos de refugiados apresentam uma nova qualidade: uma "transitoriedade congelada", um estado contínuo, permanente, de temporalidade, uma duração de momentos remendados, nenhum dos quais vivido como um elemento da perpetuidade, muito menos como contribuição a ela. Para os internos dos campos de refugiados, a perspectiva de sequelas a longo prazo e de suas consequências não faz parte da experiência. Eles vivem, literalmente, um dia após o outro, e os conteúdos da vida cotidiana não são afetados pelo conhecimento de que os dias se combinam para formarem meses e anos. Tal como nas prisões e "higuerguetos" esmiuçados e vivamente descritos por Loïc Wacquant, esses refugiados "aprendem a viver, ou melhor, sobreviver [(sur)vivre] dia a dia na imediação do momento, banhando-se no ... desespero que cresce dentro dos muros".[25]

A corda que prende os refugiados aos campos é trançada por forças de atração e repulsão.

Os poderes que governam o local onde as tendas ou barracas foram armadas, e também as terras em torno do campo, fazem o possível para evitar que os internos escapem e se espalhem sobre o território adjacente. Mesmo na ausência de guardas armados nas saídas, o lado de fora do campo está, essencialmente, fora dos limites estabelecidos para os internos. É, na melhor das hipóteses, inóspito, cheio de pessoas circunspectas, insensíveis e desconfiadas, ávidas por observar, registrar e sustentar contra eles qualquer erro, real ou suposto, assim como qualquer passo em falso que possam dar – coisa que os refugiados, afastados de seu elemento e desconfortáveis num ambiente estranho, estão propensos a fazer.

Na terra em que suas tendas temporárias/permanentes foram armadas, os refugiados continuam sendo evidentes "outsiders", uma ameaça à segurança que os "estabelecidos" extraem de sua rotina diária até então inconteste. São um desafio à visão de mundo que vinha sendo universalmente compartilhada e uma fonte de perigos ainda não confrontados, ajustando-se com dificuldade às brechas familiares e evitando as formas habituais de resolver problemas.[26]

O encontro de nacionais e refugiados é, com certeza, a espécie mais espetacular de "dialética dos estabelecidos e *outsiders*" (que parece ocupar em nossos dias o papel de fixador de padrões que já pertenceu à dialética senhor-escravo), descrita pela primeira vez por Elias e Scotson.[27] Os "estabelecidos", usando seu poder de definir a situação e impor essa definição a todos os envolvidos, tendem a trancar os recém-chegados numa gaiola de estereótipos, "uma representação altamente simplificada das realidades sociais". Estereotipar cria "um modelo em preto e branco" que não deixa "espaço para as diversidades". Os *outsiders* são culpados até prova em contrário, mas como são os estabelecidos que combinam os papéis de promotores, juízes de instrução e magistrados, de modo que simultaneamente apresentam as acusações, julgam e proferem a sentença, as chances de absolvição dos *outsiders* são reduzidas, para não dizer nulas. Como Elias e Scotson descobriram, quanto mais ameaçada a população estabelecida se sente, mais tende a levar suas crenças "aos extremos da ilusão e da rigidez doutrinária". Confrontada com um influxo de refugiados, essa população tem todas as razões para se sentir ameaçada. Além de representarem o "grande desconhecido" que todos os estrangeiros encarnam, os refugiados trazem consigo os ruídos de uma guerra distante e o fedor de lares pilhados e aldeias incendiadas que só podem lembrar aos estabelecidos a facilidade com que o casulo de sua rotina segura e familiar (segura *porque* familiar) pode ser rompido ou esmagado. Os refugiados, como assinalou Bertold Brecht em *Die Landschaft des Exils* [*A paisagem do exílio*], são "*ein Bote des Unglücks*" ("um arauto das más notícias").

Aventurando-se do campo para um distrito vizinho, os refugiados se expõem a um tipo de incerteza que descobrem ser difícil de suportar depois da rotina diária do campo, estagnante e congelada mas confortavelmente previsível. A poucos passos do perímetro do campo, eles se encontram num ambiente hostil. Seu direito de ingresso no "lado de fora" é, na melhor das hipóteses, um assunto em debate, podendo ser contestado por qualquer transeunte. Em comparação com essa solidão externa, o interior do campo pode muito bem passar por um refúgio seguro. Só o imprudente e o aventureiro desejariam deixá-lo por um tempo considerável, e bem poucos ousariam concretizar esse desejo.

Usando termos tirados das análises de Loïc Wacquant,[28] podemos dizer que os campos de refugiados misturam, combinam e consolidam os traços distintivos da "comunidade-gueto" da era Ford-Keynes com os do "hipergueto" de nossos tempos pós-fordistas e pós-keynesianos. Se as "comunidades-guetos" eram semelhantes a totalidades sociais autossustentáveis e autorreprodutoras, com réplicas em miniatura da estratificação, das divisões funcionais e das instituições características da sociedade mais ampla, destinadas a atender à totalidade de necessidades da vida comunal, os "hiperguetos" são tudo, menos comunidades autossustentáveis. São grupamentos populacionais truncados, artificiais e evidentemente incompletos; agregados, mas não comunidades; condensações topográficas incapazes de viver por si mesmas. Já que as elites conseguiram sair do gueto e deixaram de alimentar a rede de empreendimentos econômicos que sustentava (ainda que precariamente) a subsistência de sua população, as agências estatais de proteção e controle (duas funções, via de regra, intimamente interligadas) ocuparam seu lugar. O "hipergueto" está preso por cordas que se originam além de suas fronteiras e que certamente estão fora do seu controle.

Michel Agier enxergou nos campos de refugiados traços de "comunidades-guetos" interligados, numa estreita rede de dependência mútua, com os atributos do "hipergueto".[29] Podemos supor que essa combinação aperte com ainda mais força os laços que prendem os internos do campo. A força de atração que mantém juntos os moradores da "comunidade-gueto" e a de repulsão que condensa os proscritos no "hipergueto", ambas poderosas, se superpõem e se reforçam mutuamente. Combinadas com a efervescente e inflamante hostilidade do ambiente externo, elas produzem uma força centrípeta esmagadora, difícil de resistir, tornando totalmente redundantes as técnicas de contenção e isolamento desenvolvidas pelos administradores e supervisores dos Auschwitzes ou Gulags. Mais que quaisquer outros micromundos sociais arquitetados, os campos de refugiados se aproximam do tipo ideal de "instituição total" de Erving Goffman: oferecem, por ação ou omissão, uma "vida total" de que não se pode escapar, com o acesso a qualquer outra forma de vida efetivamente barrado.

Tendo abandonado, voluntariamente ou à força, seu ambiente antigo e familiar, os refugiados tendem a ser despidos das identidades definidas, sustentadas e reproduzidas por aquele meio.

Socialmente, são como "zumbis": suas antigas identidades sobrevivem principalmente como fantasmas, assombrando as noites dos campos de modo ainda mais doloroso por serem totalmente invisíveis à luz do dia. Mesmo as mais confortáveis, prestigiosas e invejáveis dentre as velhas identidades tornam-se desvantajosas – dificultam a busca por novas identidades mais adequadas ao novo meio, impedem que se seja obrigado a enfrentar as novas realidades e retardam o reconhecimento da permanência dessa nova condição.

Para todos os fins práticos, os refugiados foram consignados àquele estágio intermediário, "nem um nem outro", da passagem em três etapas de Van Gennep e Victor Turner[30] – mas sem que essa consignação tenha sido reconhecida pelo que é, sem um tempo de duração determinado, sobretudo sem a consciência de que a opção de retorno à condição anterior não existe mais, e sem uma indicação da natureza dos ambientes que podem aparecer pela frente. Relembremos que, no esquema de "passagem" tripartido, o desnudamento que privou os portadores dos antigos papéis dos atributos sociais e símbolos culturais do status que um dia tiveram (a produção social, com a anuência do poder, do "corpo nu", como diria Giorgio Agamben)[31] não era senão um estágio preliminar necessário para recobrir os "socialmente nus" com a parafernália de seu novo papel social. A nudez social (frequentemente também corpórea) era apenas um breve *intermezzo* a separar os dois movimentos, dramaticamente distintos, da ópera da vida – assinalando a separação entre os dois meios, sucessivamente assumidos, de direitos e obrigações sociais. É diferente, contudo, no caso dos refugiados. Embora sua condição comporte todos os traços (e consequências) da nudez social característica do estágio de passagem intermediário, transitório (falta de definição social e de direitos e deveres codificados), ela não é um "estágio" intermediário ou transitório que leve a algum "estado estacionário" específico e socialmente definido. Na difícil situação dos refugiados, a condição designada como "intermediação personificada" se estende indefinidamente (uma verdade que o destino dramático dos campos de refugiados palestinos trouxe recentemente, de modo violento, à atenção do público). O "estado estacionário" passível de emergir só pode ser um efeito colateral não planejado e indesejado do desenvolvimento suspenso ou interrompido – de tentativas fluidas, reconhecidamente temporárias e experimentais, de sociação [*sociation*] congelando-se imperceptivelmente em estruturas rígidas, não mais negociáveis, que prendem os internos com mais firmeza do que guardas armados e arame farpado.

A permanência da transitoriedade, a durabilidade do transitório, a determinação objetiva não refletida na sequencialidade subjetiva das ações, o papel social perpetuamente subdefinido, ou mais corretamente uma inserção no fluxo da existência sem a âncora de um papel social – todos esses traços da líquida vida moderna, assim como outros correlatos, foram expostos e documentados nos achados de Agier. Na extraterritorialidade territorialmente fixada do campo de refugiados, eles aparecem numa forma muito mais extrema, não diluída e assim mais claramente visível do que em qualquer outro segmento da sociedade contemporânea.

Pode-se imaginar em que medida os campos de refugiados seriam laboratórios onde (talvez de forma inadvertida, mas nem por isso menos poderosa) o novo padrão de vida líquido-moderno, "permanentemente transitório", está sendo testado e ensaiado.

Em que medida as *nowherevilles* dos refugiados seriam exemplos antecipados do mundo que está por vir, e seus internos lançados/empurrados/forçados a assumir o papel de exploradores pioneiros? Questões desse tipo só podem ser respondidas em retrospecto – se é que podem.

Por exemplo, podemos ver agora – com o benefício do retrospecto – que os judeus que deixaram os guetos no século XIX foram os primeiros a experimentar e compreender em sua totalidade a incongruência do projeto de assimilação, assim como as contradições internas do preceito corrente de autoafirmação, vivenciadas mais tarde por todos os habitantes da modernidade emergente. E agora começamos a ver, novamente com o benefício do retrospecto, que os membros da *intelligentsia* multiétnica pós-colonial (como Ralph Singh, nos *Mímicos* de Naipaul, que não conseguia se esquecer de ter oferecido uma maçã a sua professora favorita, como se supõe que faça toda criança inglesa bem-educada, embora soubesse muito bem que não há maçãs na ilha caribenha em que ficava a escola) foram os primeiros a experimentar e compreender as falhas, a incoerência e a falta de coesão fatais do preceito da construção de identidade que seriam vivenciadas pouco depois pelos demais habitantes do líquido mundo moderno.

Talvez chegue o momento de se descobrir o papel de vanguarda desempenhado pelos atuais refugiados – de explorar o sabor da vida na *nowhereville* e a obstinada permanência da transitoriedade que pode se tornar o hábitat comum dos moradores de nosso planeta total e globalizado.

Só o tipo de comunidade que ocupa a maior parte do discurso político de hoje, mas não pode ser encontrada em nenhum outro lugar – a comunidade *global*, uma comunidade inclusiva, mas não exclusiva, que se ajusta à visão de Kant da *allgemeine Vereinigung in der Menschengattung* –, poderia tirar os atuais refugiados do vácuo sociopolítico ao qual foram relegados.

Todas as comunidades são imaginadas. A "comunidade global" não é exceção. Mas a imaginação tende a se transformar numa força integradora tangível, potente e efetiva quando auxiliada pelas instituições socialmente produzidas e politicamente sustentadas da autoidentificação e do autogoverno coletivos. Isso já aconteceu antes – no caso das nações modernas, casadas, na alegria e na tristeza, até que a morte os separe, com os modernos Estados soberanos.

No que se refere à comunidade *global* imaginada, uma rede institucional similar (que agora só pode ser constituída por agências *globais* de controle democrático, por um sistema jurídico *globalmente* sustentado e por princípios éticos *globalmente* defendidos) é totalmente inexistente. E isso, sugiro eu, é uma causa importante, talvez a principal, daquela maciça produção de desumanidade a que, eufemisticamente, se deu o nome de "problema dos refugiados".

À época em que Kant anotou seus pensamentos sobre a comunidade humana, totalmente humana, que a Natureza decretou ser o destino de nossa espécie, a universalidade da liberdade individual foi declarada o propósito e a visão orientadora cujo advento os homens da prática, inspirados e observados de perto pelos homens do pensamento, deveriam e seriam instados a perseguir e acelerar. A comunidade humana e a liberdade individual eram vistas como duas faces da mesma tarefa (ou, com mais precisão, como irmãs siamesas), já que a liberdade (para citar o estudo de Alain Finkielkraut sobre a herança do século xx publicado sob o adequado título de "A perda da humanidade")[32] era concebida como equivalente à "irredutibilidade do indivíduo à sua posição, status, comunidade, nação, origens e linhagem". Os destinos da comunidade planetária e da liberdade individual eram considerados, com boa razão, inseparáveis. Presumia-se, quando se pensava sobre o tema, que a *Vereinigung in der Menschengattung* e a liberdade de todos os seus membros só poderiam prosperar juntas, ou juntas fenecer e morrer, mas nunca nascer sozinhas ou viver separadas. Ou a participação na espécie humana supera todas as outras atribuições e alianças, mais particulares, quando se trata da formulação e alocação de leis e direitos produzidos pelo homem, ou a causa da liberdade como direito humano inalienável está comprometida ou mesmo totalmente perdida. *Tertium non datur.*

Esse axioma logo perdeu sua incipiente autoevidência e veio a ser quase esquecido conforme os seres humanos, libertos do confinamento em propriedades e linhagens hereditárias, eram prontamente encarcerados na nova prisão trina da aliança território/nação/Estado, enquanto os "direitos humanos" – na prática política, se não na teoria filosófica – eram redefinidos como produto da união pessoal entre o súdito de um Estado, o membro de uma nação e o residente legítimo de um território. A "comunidade humana" parece tão distante da atual realidade planetária quanto no início da aventura moderna. Nas presentes visões do futuro, o lugar que se tende a atribuir-lhe – se é que de fato se contempla tal atribuição – está ainda mais distante do que há dois séculos. Ela não parece mais iminente nem inescapável.

Até aqui, as perspectivas são sombrias.

Em sua recente e sóbria avaliação da atual tendência, David Held considera que a afirmação do "status moral irredutível de todas as pessoas e de cada uma delas" e a rejeição da "visão dos particularistas morais de que pertencer a determinada comunidade limita e determina o valor moral dos indivíduos e a natureza de sua liberdade" ainda são tarefas importantes e amplamente vistas como "desconfortáveis".[33]

Held observa uns poucos acontecimentos que trazem esperança – em especial a Declaração dos Direitos Humanos, das Nações Unidas, de 1948 e o Estatuto do Tribunal de Crimes Internacionais de 1998, embora este último ainda esteja esperando em vão pela ratificação e seja sabotado de modo ativo por alguns dos principais atores globais –, mas assinala ao mesmo tempo "fortes tentações no sentido de simplesmente fechar as portas e defender apenas a posição de alguns países e nações". As perspectivas pós-11 de setembro também não são particularmente animadoras. Elas contêm uma chance de "reforçar as instituições multilaterais e os acordos jurídicos internacionais", mas ainda há a possibilidade de reações que "poderiam afastar-nos dessas frágeis conquistas, na direção de um mundo com maiores antagonismos e divisões – uma sociedade nitidamente incivil". Mas nosso consolo (o único disponível, mas também – permitam-me acrescentar – o único de que a humanidade necessita quando cai numa era sombria) é o fato de que "a história ainda está conosco e pode ser construída".

De fato. A história não terminou, de modo que escolhas ainda podem ser feitas – e inevitavelmente serão. Cabe indagar, porém, se as escolhas feitas nos últimos dois séculos nos colocaram mais perto do alvo visado por Kant, ou se, ao contrário, após 200 anos de ininterrupta promoção, consolidação e predomínio do Princípio Trinitário, nos encontramos mais longe desse alvo do que no início da aventura moderna.

> O mundo não é humano só por ser feito de seres humanos, nem se torna assim somente porque a voz humana nele ressoa, mas apenas quando se transforma em objeto do discurso … Nós humanizamos o que se passa no mundo e em nós mesmos apenas falando sobre isso, e no curso desse ato aprendemos a ser humanos.
>
> Esse humanitarismo a que se chega no discurso da amizade era chamado pelos gregos de *filantropia*, o "amor do homem", já que se manifesta na presteza em compartilhar o mundo com outros homens.

Essas palavras de Hannah Arendt poderiam – deveriam – ser lidas como prolegômenos a quaisquer esforços futuros com o objetivo de reverter a tendência e aproximar a história do ideal de "comunidade humana". Seguindo Lessing, seu herói intelectual, Arendt adverte que a "abertura aos outros" é "a precondição da 'humanidade' em qualquer sentido dessa palavra ... O diálogo verdadeiramente humano difere da mera conversa ou até da discussão por ser totalmente permeado pelo prazer com a outra pessoa e com o que ela diz".[34] O grande mérito de Lessing, na visão de Arendt, foi ficar "satisfeito com o número infinito de opiniões que aparecem quando os homens discutem os assuntos deste mundo". Lessing

> alegrava-se com aquilo que sempre – ou pelo menos desde Parmênides e Platão – perturbou os filósofos: que a verdade, tão logo proferida, é imediatamente transformada numa opinião entre muitas, contestada, reformulada, reduzida a um tema de discurso entre tantos outros. A grandeza de Lessing não consiste meramente no *insight* teórico de que não pode haver uma única verdade no mundo humano, mas em sua alegria pelo fato de que ela não existe e que, portanto, o infindável discurso entre os homens jamais terminará enquanto estes existirem. Uma única verdade absoluta ... teria sido a morte de todas essas disputas ... e isto poderia ter significado o fim da humanidade.[35]

O fato de outros discordarem de nós (não prezarem o que prezamos, e prezarem justamente o contrário; acreditarem que o convívio humano possa beneficiar-se de regras diferentes daquelas que consideramos superiores; acima de tudo, duvidarem de que temos acesso a uma linha direta com a verdade absoluta, e também de que sabemos com certeza onde uma discussão deve terminar antes mesmo de ter começado), isso *não é* um obstáculo no caminho que conduz à comunidade humana. Mas a convicção de que nossas opiniões *são* toda a verdade, nada além da verdade e sobretudo a única verdade existente, assim como nossa crença de que as verdades dos outros, se diferentes da nossa, são "meras opiniões", esse sim *é* um obstáculo. Ao logo da história, tais convicções e crenças extraem sua credibilidade da superioridade material e/ou do poder de resistência de seus portadores – e estes baseiam sua força na firmeza da Regra Trinitária. Com efeito, o "complexo de soberania" entrincheirado na [anti] santíssima união de território, nação e Estado exclui efetivamente o discurso que Lessing e Arendt consideravam a "precondição da humanidade". Permite que os parceiros/adversários adulterem os dados e embaralhem maliciosamente as cartas antes de começarem o jogo da comunicação mútua, e que interrompam o debate antes que se esteja perigosamente perto de descobrir a trapaça.

A Regra Trinitária tem um impulso autoperpetuador. Ele confirma sua própria verdade à medida que ganha ascendência sobre as vidas e mentes humanas. Um mundo dominado por essa regra é um mundo de "populações nacionalmente frustradas" que, estimuladas por sua frustração, acabam convencidas de que "a verdadeira liberdade, a verdadeira emancipação" só podem ser obtidas "com a plena emancipação nacional"[36] – ou seja, mediante a mágica mistura da nação com um território e um Estado soberano. Foi a Regra Trinitária que causou a frustração, e é ela mesma que se oferece como remédio. A dor sofrida pelos excluídos da aliança territorial/nacional/estatal alcança suas vítimas depois de previamente reprocessada na aparelhagem trinitária, e é fornecida juntamente com um folheto explicativo e com sua receita certa de cura, travestida de sabedoria empiricamente validada. Durante o reprocessamento, a aliança é transmutada, como num milagre, de maldição em bênção, de causa da dor em anestésico.

Arendt conclui seu ensaio "Sobre a humanidade em tempos sombrios" com uma citação de Lessing: "*Jeder sage, was ihm Wahrheit dünkt,/ und die Wahrheit selbst sei Gott empfohlen*" ("Que cada homem diga o que considera a verdade,/ e que a própria verdade seja confiada a Deus").[37]

A mensagem de Lessing/Arendt é muito direta. Confiar a verdade a Deus significa deixar em aberto a questão da verdade (de "quem está certo"). A verdade só pode emergir bem no final da conversa – e numa conversa genuína (quer dizer, que não seja um solilóquio disfarçado). Nenhum parceiro tem certeza, ou capacidade, de saber qual pode ser esse final (se é que ele existe). Um orador, e também um pensador que pensa do "modo orador", não pode, como assinala Franz Rosenzweig, "prever coisa alguma; deve ser capaz de esperar porque depende da palavra do outro – precisa de tempo".[38] E como aponta Nathan Glazer, o mais perspicaz dos discípulos de Rosenzweig, há "um curioso paralelo" entre esse modelo de pensador no "modo orador" e o conceito processual/dialético de verdade proposto por William James: "A verdade *acontece* a uma ideia. Ela se *torna* verdade, é *transformada* em verdade pelos eventos. Sua veracidade é de fato um evento, um processo: o de verificar-se, sua veri*ficação*. Sua validade é o processo de sua valid*ação*."[39] A afinidade, com efeito, é impressionante – embora, para Rosenzweig, a fala que se engaja honesta e esperançosamente num diálogo, uma fala incerta do resultado deste e portanto de sua própria verdade, seja a principal substância do "evento" em que se "faz" a verdade, e o principal instrumento desse "fazer".

A verdade é um conceito eminentemente agonístico. Nasce do confronto entre crenças que resistem à conciliação e entre seus portadores relutantes em chegar a um acordo. Sem esse confronto, a ideia de "verdade" dificilmente teria ocorrido, para começo de conversa. "Saber como ir em frente" seria tudo de que se precisaria – e o ambiente em que se faz necessário "ir em frente", a menos que desafiado e assim tornado "estranho" e esvaziado de sua "autoevidência", tende a se completar com a inequívoca prescrição de "ir em frente". Debater a *verdade* é uma resposta à "dissonância cognitiva". Ela é instigada pelo impulso a desvalorizar e desempoderar (despotencializar) outra leitura do ambiente e/ou outra prescrição de ação que lance dúvida sobre a leitura e a rotina de ação de alguém. Esse impulso crescerá de intensidade quanto mais as objeções/obstáculos se tornarem vociferantes e difíceis de abafar. O interesse em debater a verdade, e o principal propósito de sua autoafirmação, é prova de que o parceiro/adversário está errado e de que, portanto, as objeções são inválidas e podem ser desprezadas.

Quando se trata de discutir a verdade, as chances de uma "comunicação não distorcida", tal como foi postulado por Jürgen Habermas, se tornam diminutas.[40] Os protagonistas dificilmente resistirão à tentação de recorrer a outros meios, mais efetivos, que não a elegância lógica e o poder persuasivo de seus argumentos. Em vez disso, farão o possível para tornar os argumentos do adversário inconsequentes, de preferência inaudíveis ou, melhor ainda, jamais vocalizados, pela desqualificação daqueles que, se pudessem, os vocalizariam. Um argumento que tem grande chance de ser apresentado é o da inelegibilidade do adversário como interlocutor pelo fato de ele ser inepto, mentiroso ou inconfiável, mal-intencionado ou claramente inferior.

Se isso fosse possível, em vez de argumentar seria preferível recusar a conversa ou abandonar o debate. Entrar na discussão é, afinal, uma confirmação oblíqua das credenciais do parceiro e uma promessa de seguir as regras e padrões do discurso (contrafactualmente) *lege artis* e *bona fide*. Acima de tudo, entrar na discussão significa, como apontou Lessing, confiar a verdade a Deus. Em termos mais objetivos, significa fazer do resultado do debate um refém do destino. É mais seguro, se possível, declarar os adversários errados *a priori* e privá-los da capacidade de apelar do veredicto do que tentar enredá-los num litígio judicial e expor o próprio argumento a um interrogatório rigoroso, arriscando que seja rejeitado ou derrotado.

O expediente de desqualificar o adversário num debate sobre a verdade é usado com maior frequência pelo lado mais forte – nem tanto por sua maior iniquidade, mas por sua maior engenhosidade. Podemos dizer que a capacidade de ignorar os adversários e fechar os ouvidos às causas que eles promovem é o índice pelo qual se pode medir o volume e o poder relativos dos recursos. Inversamente, voltar atrás na recusa para debater e concordar em negociar a verdade é com muita frequência um sinal de fraqueza – circunstância que torna o lado mais forte (ou alguém que deseje demonstrar sua força superior) ainda mais relutante em abandonar sua posição de rejeição.

A rejeição do estilo de Rosenzweig de "pensamento orador" é capaz de se perpetuar e fortalecer. Do lado do mais forte, a recusa em conversar pode passar por um sinal de que se "tem razão", mas para o lado oposto a negação do direito de defender sua causa que essa recusa acarreta, e consequentemente a recusa em reconhecer seu direito de ser ouvido e levado a sério como um portador de direitos humanos, constituem as maiores afrontas e humilhações – ofensas que não podem ser aceitas placidamente sem que se perca a dignidade...

A humilhação é uma arma poderosa – mas do tipo bumerangue. Pode ser usada para demonstrar ou provar a desigualdade fundamental e irreconciliável entre quem humilha e quem é humilhado. Mas, contrariando essa intenção, ela de fato autentica, verifica a simetria, a semelhança, a paridade de ambos.

Porém o grau da humilhação invariavelmente provocada por todo ato de recusa em conversar não é a única razão para que esta se autoperpetue. Na terra de fronteira em que nosso planeta está rapidamente se transformando, em consequência da globalização unilateral,[41] as repetidas tentativas de superar, despotencializar e desqualificar o adversário frequentemente atingem os efeitos pretendidos, embora com resultados que vão muito além daquilo que seus perpetradores previam ou gostariam. Grandes partes da África, Ásia e América Latina estão cobertas de traços duradouros deixados por antigas campanhas de despotencialização: as numerosas terras de fronteira *locais*, efeitos colaterais, ou dejetos, de que padecem as forças beneficiárias das condições da terra de fronteira *global*, as quais elas não podem deixar de disseminar e propagar.

Os exercícios de despotencialização são considerados "bem-sucedidos" se o desarmamento do adversário for feito de tal forma que elimine a esperança de recuperação. As estruturas de autoridade são desmanteladas, os laços sociais, cortados, as *fontes costumeiras de subsistência, devastadas e postas fora de* operação (na terminologia política da moda, os territórios assim afligidos são ditos "Estados fracos", embora o termo "Estado", apesar da restrição, só possa se justificar nesse caso por ser empregado *sous rature*, como diria Derrida). Quando sustentadas por um arsenal *hightech*, as palavras tendem a se transformar em carne, obliterando assim sua própria necessidade e propósito. Nas terras de fronteira locais, não ficou nenhuma para contar a história – CQD.

Numa piada irlandesa, quando um motorista pergunta ao transeunte "como se vai daqui para Dublin", este lhe responde: "Se eu quisesse ir para Dublin, não partiria daqui."

Com efeito, pode-se facilmente imaginar um mundo mais adequado para a jornada rumo à "unidade universal da humanidade" kantiana do que aquele que por acaso habitamos hoje, ao fim da era da trindade território/nação/Estado. Mas não existe outro mundo, e assim não há outro lugar de onde se partir. No entanto não iniciar a jornada, ou não iniciá-la logo, *não é* – neste caso, sem dúvida – *uma opção*.

A unidade da espécie humana postulada por Kant pode ser, como ele sugeria, compatível com a intenção da Natureza, mas certamente não parece algo "historicamente determinado". O continuado descontrole da rede já global de dependência mútua e de "vulnerabilidade reciprocamente assegurada" decerto não aumenta a chance de se alcançar tal unidade. Isso só significa, contudo, que em nenhuma outra época a intensa busca por uma humanidade comum, assim como a prática que segue tal pressuposto, foi tão urgente e imperativa como agora.

Na era da globalização, a causa e a política da humanidade compartilhada enfrentam a mais decisiva de todas as fases que já atravessaram em sua longa história.

· Notas ·

1. Apaixonar-se e desapaixonar-se (*p.15-55*)

1. Erich Fromm, *The Art of Loving*. Londres, Thorsons, (1957), 1995, p.vii.

2. Emmanuel Levinas, *Le temps et l'autre*. Paris, Presses Universitaires de France, 1991, p.81, 78.

3. *Guardian Weekend*, 12 jan 2002.

4. Adrienne Burgess, *Will You Still Love me Tomorrow* (Londres, Vermilion, 2001), citado no *Guardian Weekend*, 26 jan 2002.

5. Knud Løgstrup, *Den Etiske Ford ring*. [Ed. ing.: The Ethical Demand. Notre Dame, University of Notre Dame Press, 1997, p.24-5.]

6. Erich Fromm, *The Art of Loving*, op.cit.

7. David L. Norton e Mary F. Kille (orgs.), *Philosophies of Love*. Nova York, Helix Books, 1971.

8. Franz Rosenzweig, *Das Büchlein vom gesunden und kranken Menschenverstand*. [Ed. ing.: *Understanding the sick and the healthy*. Org. N.N. Glatzer, Harvard, Harvard University Press, 1999.]

9. *Guardian Weekend*, 9 mar 2002.

10. Richard Sennett, *The Fall of Public Man*. Londres/Nova York, Random House, 1978, p.259ss. [Ed. bras.: *O declínio do homem público*, São Paulo, Companhia das Letras, 1988.]

11. *Guardian Weekend*, 6 abr 2002.

2. Dentro e fora da caixa de ferramentas da sociabilidade (*p.56-98*)

1. Volkmar Sigusch, "The neosexual revolution", *Archives of Sexual Behaviour*, n.4, 1989, p.332-59.

2. Erich Fromm, *The Art of Loving*. Londres, Thorsons, (1957) 1995.

3. Ibid., p.41-3, 9-11.

4. Volkmar Sigusch, "The neosexual revolution", op.cit.

5. Milan Kundera, *L'Immortalité*. [Ed. ing.: *Immortality*. Londres, Faber, 1991, p.338-9.]

6. Judith Butler, *Bodies that Matter: On the Discursive Limits of Sex*. Londres, Routledge, 1993.

7. Sigmund Freud, "Die kulturelle Sexualmoral und die moderne Nervosität". [Ed. bras.: "A moral sexual 'civilizada' e a doença nervosa moderna", in *ESB*, vol. IX, Rio de Janeiro, Imago, 1976.]

8. Jonathan Rowe, "Reach out and annoy someone", *Washington Monthly*, nov 2002.

9. John Urry, "Mobility and proximity", *Sociology*, mai 2002, p.255-74.

10. Ver *As regras do método sociológico*, de Émile Durkheim. [Ed. ing. in Anthony Giddens, *Émile Durkheim: Selected Writings*. Cambridge, Cambridge University Press, 1972, p.71, 64.]

11. Michael Schluter e David Lee, *The R Factor*. Londres, Hodder and Stoughton, 1993, p.15, 37.

12. Louise France, "Love at first site", *Observer Magazine*, 30 jun 2002.

13. Jonathan Rowe e Judith Silverstein, "The GDP myth: Why 'growth' isn't always a good thing", *Washington Monthly*, mar 1999.

14. Aqui citado de acordo com Jonathan Rowe, "Z zycia ekonomistow", *Obywatel* 2 (2002); originalmente publicado em julho de 1999.

15. Para o conceito de "sociabilidade", ver, de minha autoria, *Postmodern ethics*. Oxford, Polity, 1993, p.119. A justaposição de "sociabilidade" e "socialização" é paralela à de "espontaneidade" e "administração". "A sociabilidade coloca a singularidade acima da regularidade e o sublime acima do racional, sendo portanto geralmente inóspita às regras, tornando problemática a redenção discursiva destas últimas e cancelando o significado instrumental da ação."

16. Ver o profundo estudo de Valentina Fedotova, "Anarkhia i poriadok" (Anarquia e ordem). *Voprosy Filosofii* 5 (1997), recentemente reimpresso numa coletânea de estudos da autora sob o mesmo título (Moscou, Editorial URSS, 2000, p.27-50).

17. Victor Turner, *The Ritual Process: Structure and Anti-structure*. Londres, Routledge, 1969, p.96.

3. Sobre a dificuldade de amar o próximo (*p.99-144*)

1. Sigmund Freud, "Das Unbehagen in der Kultur". [Ed. bras.: "O mal-estar na civilização", in *ESB*, vol.XXI, Rio de Janeiro, Imago, 1976.]

2. Knud Løgstrup, *Etiske fordring*. [Ed. ing.: *The Ethical Demand*. Notre Dame, University of Notre Dame Press, 1997, p.8.]

3. Leon Shestov, "All things are perishble", in Bernard Martin (org.), A *Shestov Anthology*. Columbus, Ohio State University Press, 1970, p.70.

4. Anthony Giddens, *The Transformation of Intimacy: Sexuality, Love and Eroticism in Modern Societies*. Oxford, Polity, 1992, p.58, 137.

5. Knud Løgstrup, *After the Ethical Demand*. Aarhus, Dinamarca, Universidade Aarhus, 2002, p.26.

6. Ibid., p.28.

7. Ibid., p.25.

8. Ibid., p.14.

9. Martin Heidegger, *Sein und Zeit*, publicado pela primeira vez no *Jahrbuch für Philosophie und Phänomenologische Forschung* (1926).

10. Knud Løgstrup, *After the ethical demand*, op.cit., p.4, 3.

11. Ibid., p.1-2.

12. G. Gumpert e S. Drucker, "The mediated home in a global village", *Communication Research* 4, 1996, p.422-38.

13. Stephen Graham e Simon Marvin, *Splintering Urbanism*. Londres, Routledge, 2001, p.285.

14. Ibid., p.15.

15. M. Schwarzer, "The ghost wards; the flight of capital from history", *Thresholds* 16, 1998, p.10-9.

16. M. Castells, *The Informational City*. Oxford, Blackwell, 1989, p.228.

17. Michael Peter Smith, *Transnational Urbanism: Locating Globalization*. Oxford, Blackwell, 2001, p.54-5; e ver John Friedman "Where we stand: A decade of world city research", in P.L. Knox e P.J. Taylor (orgs.), *World Cities in a World System*. Cambridge, Cambridge University Press, 1995; David Harvey, "From space to place and back again: Reflections on the condition of postmodernity", in J. Bird et al. (orgs.), *Mapping the Futures*. Londres, Routledge, 1993.

18. Manuel Castells, *The Power of Identity*. Oxford, Blackwell, 1997, p.61, 25.

19. Manuel Castells, "Grassrooting the space of flows", in J.O. Wheeler, Y. Aoyama e B. Warf (orgs.), *Cities in the Telecommunications Age: The Fracturing of Geographies*. Londres, Routledge, 2000, p.20-1.

20. Michael Peter Smith, *Transnational Urbanism*, op.cit., p.108.

21. John Hannigan, *Fantasy City*. Londres, Routledge, 1998.

22. B.J. Widick, *Detroit: City of Race and Class Violence*, Detroit, Wayne State University Press, 1989, p.210.

23. John Hannigan, *Fantasy City*, op.cit., p.43, 51.

24. Ver a entrevista de Steve Profitt ao *Los Angeles Times*, 12 out 1997.

25. Michael Storper, *The Regional World: Territorial Development in a Global Economy*. Hove, UK, Guilford Press, 1997, p.235.

26. Teresa Caldeira, "Fortified enclaves: The new urban segregation", *Public Culture*, 1996, p.303-28.

27. Nan Elin, "Shelter from the storm, or Form follows fear and vice versa", in Nan Elin (org.), *Architecture of Fear*. Princeton, Princeton Architectural Press, 1997, p.13, 26.

28. Steven Flusty, "Building paranoia", in Nan Elin, *Architecture of Fear*, op.cit., p.48-52.

29. Richard Sennett, *The Uses of Disorder: Personal Identity and City Life*. Londres, Faber, 1996, p.39, 42.

30. Ibid., p.194.

31. Ver, por exemplo, William B. Beyer, "Cyberspace or human space: Whither cities in the age of telecommunications?", in J.O. Wheeler, Y. Aoyama e B. Warf (orgs.), *Cities in the Tel ecommunications Age*, op.cit., p.176-8.

4. Convívio destruído (*p.145-185*)

Outra versão desse capítulo foi publicada, sob o título "The fate of humanity in the post-Trinitarian world" [O destino da humanidade no mundo pós-trinitário], no *Journal of Human Rights* n.3 (2002).

1. D.G. Mc Neil Jr., "Politicians pander to fear of crime", *New York Times*, 5-6 mai 2002.

2. Ver Nathaniel Herzberg e Cécile Prieur, "Lionel Jospin et le 'piège' sécuritaire", *Le Monde*, 5-6 mai 2002.

3. Citado por D.G. Mc Neil Jr., "Politicians pander to fear of crime".

4. Ver *USA Today*, 11 jun 2002, especialmente "Al-Qaeda operative tipped off plot", "us: Dirty bomb plot foiled" e "Dirty bomb plot: 'The future is here, I'm afraid'".

5. Como Giorgio Agamben descobriu. Ver seu *Homo sacer. Il podere sovrano e la nuda vida*. Torino, Einaudi, 1995.

6. Giorgio Agamben, *Mezzi senza fini* (1996). [Ed. ing.: *Means without Ends: Notes on Politics*. Minneapolis, University of Minnesota Press, 2000, p.20.]

7. Edmund Burke, *Reflections on the Revolution in France* (1790), citado por Hannah Arendt a partir da edição organizada por E.J. Oayne (Everyman's Library).

8. Hannah Arendt, *The origins of totalitarianism*. Londres, Andre Deutsch, 1986, p.300, 293. [Ed. bras.: *As origens do totalitarismo*. São Paulo, Companhia das Letras, 1989.]

9. Ver a nota dos tradutores in Agamben, *Means Without Ends*, op.cit., p.143.

10. "Karl Jaspers: Citizen of the world?", in Hannah Arendt, *Men in Dark Times*. Nova York, Harcourt Brace, 1993, p.81-94. [Ed. bras.: *Homens em tempos sombrios*. São Paulo, Companhia das Letras, 1987.]

11. Giorgio Agamben, *Means without Ends*, op.cit., p.21.

12. Victor Turner, *The Ritual Process: Structure and Anti-structure*. Londres, Routledge, 1969, p.170, 96.

13. Hannah Arendt, "On humanity in dark times: Thoughts about Lessing", in *Men in Dark Times*, op.cit., p.15.

14. Carl Schmitt, *Theorie des Partisanen. Zwischenbemerkung zum Begriff des Politischen*. Berlim, Duncker and Humboldt, 1963, p.80. Ver a discussão em Giorgio Agamben, *Homo sacer*, op.cit. [Ed. ing.: *Homo sacer: Sovereign Power and Bare Life*. Stanford, Stanford University Press, 1998, p.137.]

15. Carl Schmitt, *Politische Theologie. Vier Kapitel sur Lehre von der Souveränität*. Berlim, Duncker and Humboldt, 1922, p.19-21. Ver a discussão em Giorgio Agamben, Homo sacer, op.cit. [Ed. ing.: Homo sacer, op.cit., p.15ss.]

16. Giorgio Agamben, *Homo sacer*, op.cit. [Ed. ing.: Homo sacer, op.cit., p.18.]

17. Ibid., p.142.

18. Hannah Arendt, *The Origins of Totalitarianism*, op.cit., p.204.

19. Acusação avidamente empregada, com grande proveito, por um número crescente de políticos contemporâneos de todos os setores do espectro, de Le Pen, Pia Kjersgaard ou Vlaam Bloc, na extrema direita, a um número cada vez maior daqueles que se definem como de "centro-esquerda".

20. Ver, por exemplo, o editorial do *Daily Mail* de 5 de agosto de 2002 sobre a "chegada de levas de trabalhadores que já sofrem do vírus da Aids".

21. *Guardian*, 26 nov 2001.

22. Ver Michel Foucault, "Of other spaces", *Diacritics* I, 1986, p.26.

23. Ver Alan Travis, "UK plan for asylum crackdown", *Guardian*, 13 jun 2002.

24. Gary Younge, "Villagers and the damned", *Guardian*, 24 jun 2002.

25. Ver Loïc Wacquant, "Symbole fatale. Quand ghetto et prison se ressemblent et s'assemblent", *Actes de la Recherche en Sciences Sociales*, set 2001, p.43.

Notas 191

26. Ver Norbert Elias e John L. Scotson, *The Established and the Outsiders: A Sociological Inquiry into Community Problems.* Londres, Frank Cass, 1965, especialmente p.81 e 95. [Ed. bras.: *Os estabelecidos e os outsiders.* Rio de Janeiro, Zahar, 2000.]

27. Idem.

28. Ver Loïc Wacquant, "The new urban color line: the state and fate of the ghetto in postfordist America", in Craig J. Calhoun (org.), *Social Theory and the Politics of Identity.* Oxford, Blackwell, 1994; também "Elias in the dark ghetto", *Amsterdams Sociologisch Tidjschrift*, dez 1997.

29. Ver Michel Agier, "Entreguerre et ville", *Ethnography* 3, 2002, p.317-42.

30. O primeiro estágio consiste no desmantelamento da antiga identidade, o terceiro e último na montagem de uma nova. Ver Arnold van Gennep, *The Right of Passage.* Londres, Routledge and Kegan Paul, 1960; Victor Turner, *The Ritual Process*, op.cit.

31. Giorgio Agamben, *Homo sacer*, op.cit.

32. Alain Finkielkraut, *L'Humanité perdu.* Paris, Seuil, 1996, p.43.

33. David Held, "Violence, law and justice in a global age", *Constellations*, mar 2002, p.74-88.

34. Hannah Arendt, "On humanity in dark times", in *Men in Dark Times*, op.cit., p.24-5, 15.

35. Ibid., p.26-7.

36. Hannah Arendt, *The Origins of Totalitarianism*, op.cit., p.272.

37. Hannah Arendt, "On humanity in dark times", in *Men in Dark Times*, op.cit., p.31.

38. Franz Rosenzweig, *Das Büchlein vom gesunden und kranken Menschenverstand.* [Ed. ing.: *Understanding the Sick and the Healthy.* Org. N.N. Glatzer, Harvard, Harvard University Press, 1999, p.14.]

39. Citado por Glatzer in ibid., p.33, seguindo William James, *Pragmatism*, Londres, 1907, p.201. A ligação íntima entre as ideias de Rosenzweig e de James foi sugerida pela primeira vez por Ernst Simon em 1953.

40. Jürgen Habermas observa corretamente que a expectativa de consenso universal é construída em qualquer conversa e que sem ela a expectativa de comunicação seria totalmente inconcebível. O que ele não diz, porém, é que, se existe a crença de que o consenso será atingido em circunstâncias ideais em função de "uma única verdade" à espera de ser descoberta e aceita como tal, então algo mais se "embute" em qualquer ato de comunicação: a tendência a tornar redundantes todos os participantes da conversa, exceto um, juntamente com a variedade de visões que eles sustentam e defendem. Odo Marquard, em *Abschied vom Prinzipiellen* (Leipzig, Philipp Reclam, 1991), sugere que por essa interpretação o ideal de "comunicação não distorcida" parece uma vingança póstuma do solipsismo...

41. Ver o capítulo "Living and dying in the planetary frontier-land", em meu *Society under Siege.* Oxford, Polity, 2002.

1ª EDIÇÃO [2021] 5 reimpressões

ESTA OBRA FOI COMPOSTA POR MARI TABOADA EM AVENIR E MINION E IMPRESSA EM OFSETE PELA GRÁFICA BARTIRA SOBRE PAPEL PÓLEN DA SUZANO S.A. PARA A EDITORA SCHWARCZ EM JUNHO DE 2024

A marca FSC® é a garantia de que a madeira utilizada na fabricação do papel deste livro provém de florestas que foram gerenciadas de maneira ambientalmente correta, socialmente justa e economicamente viável, além de outras fontes de origem controlada.